Hugo's Simplified

Swedish in Three Months

Peter Graves
Gunilla Blom

Hugo's Language Books Limited

© 1992 Hugo's Language Books Limited
All rights reserved
ISBN 0 85285 188 X

Written by

Peter Graves MA, DipEd

Head of the Department of Scandinavian Studies
University of Edinburgh

and

Gunilla Blom fil.mag.
Swedish Lektor in the Department of Scandinavian Studies
University of Edinburgh

Set in 10/12 Plantin by
Keyset Composition, Colchester, Essex
Printed by Page Brothers, Norwich, Norfolk

Preface

This new Hugo course 'Swedish in Three Months' is designed for those people who want to acquire a good working knowledge of Swedish in a short time, and who will probably be working at home without a teacher. The 'Three Months' series as a whole is renowned for its success in self-tuition, but the books are equally useful as sources of reference if you happen to be attending language classes.

The authors have many years of experience of teaching Swedish both at school and university level and also in evening classes. They have used this experience to draw attention to areas of grammar that cause particular difficulty for English-speaking learners of Swedish. The language used throughout the book is modern and colloquial but, for the most part, avoids excessively slangy idioms: the consistent aim is acceptability.

'Swedish in Three Months' begins with an explanation of the sounds of the language as far as this is possible in print. If you have no teacher you will find that the system of imitated pronunciation used in the early lessons will be a great help. We would, however, advise you to use the related audio cassettes if at all possible; these have been produced as optional extras but using them will undoubtedly enhance both the quality and the pleasure of your learning. Ask the bookshop for Hugo's Swedish 'Three Months' Cassette Course.

Ideally you should spend about an hour a day on the course and it is probably better to spend rather less than an hour rather than more. (Many people find that two half-hour sessions are much more efficient and often easier to organise in the course of the day.) It is much better to learn a little at a time, and to learn that thoroughly. And don't forget to use the 'wasted' five minutes at the bus stop or in the traffic jam: you don't need the book with you in order to hold imaginary conversations in Swedish or to simply name the things that you can see. Do not be afraid to work aloud: all the Swedish passages, examples and vocabulary should be repeated aloud as often as possible (but probably not at the bus stop).

Each lesson introduces, explains and practises a number of elements of grammar. Many examples are given and you should study these carefully: learn the vocabulary they contain as you go along since the exercises that follow will expect you to know it. Study each rule or numbered section carefully and reread it to ensure that you have fully understood the grammar and the examples given. Once you have understood the grammar, memorize a number of the examples so that you have a pattern stuck firmly in your mind. The complete vocabulary for each lesson is given at the end of the lesson and you should test yourself on it before you continue. Do all the exercises (the answers are at the back of the book), and then do them again a few days later. Are you making the same mistakes or different ones?

At the end of the course there are a couple of reading passages in good modern Swedish and, following them, a Swedish-English and English-Swedish mini-dictionary of all the vocabulary in the book. By the end of the course you will have a good understanding of Swedish and a sound knowledge of all the main grammatical structures. You now have a basis for further studies whether for holiday, business or examination purposes. We hope you enjoy 'Swedish in Three Months' and wish you success in your learning.

Contents

Pronunciation 9

Lesson 1 15
Indefinite article
Nouns
Definite article in the singular
Subject pronouns
'Ha' (to have) & 'vara' (to be)
Noun plurals
Numbers 1–10
Question form
Everyday expressions
Reading text
Vocabulary, drills & exercises

Lesson 2 27
Present tense of verbs
'Åka' & 'gå' (to go)
Definite article in the plural
Question words
The preposition 'på'
Negatives
Word order in main clauses
Object pronouns
Numbers 11–20
Reading text
Vocabulary & exercises

Lesson 3 40
Possessive of nouns
The imperative
Modal auxiliary verbs
Indefinite form of adjectives
Irregular adjectives
Numbers 20–
'Den' or 'det'?
Vocabulary & exercises

Lesson 4 53
Weak & strong verbs
Imperfect tense of weak verbs
Irregular verbs
Definite form of adjectives
Polite requests
Reflexive verbs
Word order: adverbs in main
  clauses
Conversation, with notes
Vocabulary & exercises

Lesson 5 65
Clock time
Possessive adjectives &
  pronouns
Possessive form of adjective +
  noun
'Ja' & 'jo'
Imperfect tense of strong verbs
Omitting the indefinite article
Relative pronouns
Conversations, with notes
Vocabulary, exercises & drills

Lesson 6 78
Conjunctions
Word order: subordinate
  clauses
More about word order
The perfect & pluperfect
  tenses of weak verbs
The supine of strong verbs
More about past tenses
Conversation, with notes
Vocabulary & exercises

Lesson 7 88
The present participle
English '-ing' forms
'Sin', 'sitt', 'sina'
The future tense
The conditional
Vocabulary & exercises
Conversation, with notes

Lesson 8 99
Ordinal numbers
Days
Parts of the day
Weeks, months & years
Seasons & festivals
Dates
Prepositions of time
Letter writing
Vocabulary & exercises
Conversation, with notes

Lesson 9 112
'Någon' & 'ingen'
'Inte någon'
Formation of adverbs
Compass directions
Comparative & superlative of
    adjectives
Comments on comparative &
    superlative
Comparative & superlative of
    adverbs
The infinitive & 'att'
'För att'
Vocabulary & exercises
Conversation, with notes

Lesson 10 127
Countries, nationalities &
    languages
'Where' in questions & relative
    clauses

'Vad som . . .'
'Vad som helst'
Compound verbs
Where to place the particle
Numbers as nouns
Vocabulary & exercises
Conversation, with notes

Lesson 11 140
Transitive & intransitive verbs
Verbs ending in '-na'
Past participles
Passive voice
Using the passive voice
Deponent verbs
Reciprocal use of '-s' forms
Vocabulary & exercises
Conversation, with notes

Lesson 12 153
'Either . . . or' etc.
'All' & 'whole'
'Man', 'en', 'ens'
'What sort of . . .?'
'Ones'
'Utan' & 'utom'
Some problem verbs
Spelling
Vocabulary & exercises
Reading text, with notes

Reading practice 166

**Key to exercises &
    drills** 170

Mini-dictionary 182

Index 209

Pronunciation

The alphabet

The Swedish alphabet has 29 letters. The order of the letters is the same as in English, and the three extra letters (å, ä, ö) appear at the end in that order. The letters w and q are rare except in names, and words beginning with w are included under v in dictionaries.

The Swedish consonants are: b c d f g h j k l m n p q r s t v w x z. The Swedish vowels are: (back vowels) a o u å; (front vowels) e i y ä ö.

The Imitated Pronunciation

In the first three lessons of this course we have given Imitated Pronunciation of the new words as they arise. In this Imitated Pronunciation each syllable of the Swedish word has, as far as is possible, been written as if it were part of an English word. The system is explained below. By following the Imitated Pronunciation you will be accurate enough to make yourself understood. For a more natural pronunciation, however, we recommend that you listen repeatedly to the cassette recordings that are available to accompany the book. And more than just listen: you should pronounce all the words and phrases aloud, carefully imitating the cassette, as often as you have the chance.

Stress

All syllables are either stressed or unstressed; in the Imitated Pronunciation we indicate stressed syllables by the use of **bold** type. The sounds in unstressed syllables are still pronounced clearly – unlike in English, where there is a tendency for unstressed syllables to become indistinct or even disappear. In the Imitated Pronunciation final -e has been written -eh to remind you to pronounce it. The main stress in Swedish words is generally on the first syllable: **ga**ta 'street'; **gam**mal 'old'; **sys**ter 'sister'.

Words borrowed from other languages (especially from French and Latin) will, however, often have the stress on the final syllable: stud**ent** 'student'; universit**et** 'university'.

Words with the prefixes **be-**, **ge-**, and **för-** usually have their stress on the second syllable: be**tyd**a 'to mean', ge**men**sam 'common', för**klar**a 'to explain'.

Length

Vowels: Swedish vowels are either long or short. The spelling is a good but not infallible guide to length.

Vowels in unstressed syllables are always short.

The vowel in a stressed syllable will be long if (i) it comes at the end of a one-syllable word: **tre** 'three', **gå** 'walk'; or (ii) it is followed by only one consonant: **bil** 'car', **båt** 'boat'. Notice, however, that the vowel is short in many common words ending in single **-m** or **-n: rum** 'room', **hon** 'she'.

Swedish long vowels are very much longer than English long vowels and Swedish short vowels are quite short. Listen carefully to the cassette. In English many long vowels are pronounced as diphthongs even where, as in 'my' or 'lo!', they are written as single vowels. Try to avoid this in Swedish, as standard Swedish vowels are pure vowels.

Consonants: Swedish consonants may also be long or short and in this case length is indicated by doubling. Such double consonants should be 'lingered on' in pronunciation: **flicka** 'girl', **kvinna** 'woman'. (Notice that **ck** is always written rather than double **k**.)

Melody or tone

The characteristic melody or tone of Swedish that you have probably already heard arises from the fact that there are two word melodies (in most dialects) compared with the single word melody used by English. This is often illustrated as follows:

ENGLISH finger ⌐\	SWEDISH **finger** ⌐\
ENGLISH brother ⌐\	SWEDISH **broder** \⌐\

Swedish **broder** along with many other words, then, has a
secondary stress. These 'melodies' can only be learnt by imitation
and we have made no attempt to reproduce them in the Imitated
Pronunciation. The cassette will help you here.

Pronunciation of vowels

The equivalents given can, of course, be no more than
approximate.

Vowel		Imitated Pronunciation
a (long)	**dag** 'day' as 'a' in English 'father'	ah
(short)	**hatt** 'hat' as 'a' in northern English 'hat'	a
å (long)	**båt** 'boat' as 'aw' in English 'saw'	aw
(short)	**fått** 'got' as 'o' in English 'got'	o
o (long)	**bok** 'book' as 'oo' in English 'moon' but with rounded and protruding lips	oo:
(short)	**moster** 'aunt' as 'oo' in English 'book'	oo
u (long)	**du** 'you' almost as 'u' in English 'flute' but with very rounded and protruding lips	ue
(short)	**buss** 'bus' as 'u' in English 'full' but with slightly rounded and protruding lips	u
e (long)	**tre** 'three' as 'ay' in northern English 'say'	ay
(short)	**svensk** 'Swedish' as 'e' in English 'best'	e
ä (long)	**äta** 'eat' as 'ai' in English 'lair'	ai
(short)	**bäst** 'best' as 'e' in English 'best'	e
i (long)	**bil** 'car' as 'ee' in English 'bee'	ee
(short)	**sitta** 'sit' as 'i' in English 'sit'	i
y (long)	**ny** 'new' as 'u' in French 'mur' or 'ü' in German 'Tür'. There is no English equivalent but try to pronounce 'ee' with very rounded and protruding lips.	ü:

y (short)	**syster** 'sister' as 'u' in French 'lune' or 'ü' in German 'dünn'. A short version of the above.	ü

ö (long)	**snö** 'snow' as a lengthened 'ur' in English 'fur', but do not pronounce the 'r'	ur:
(short)	**höst** 'autumn' as a shortened 'ur' in English 'fur' but do not pronounce the 'r'	ur

In many common words the **å** sound is spelled with **o: son** (ssawn) 'son'. There is unfortunately no way of knowing that it is pronounced differently from the **o** in **bok** (boo:k) except by knowing the word.

Pronunciation of consonants

The consonants **b d f h m n p t v** are pronounced essentially as in English, though the tip of the tongue is just behind the teeth for Swedish **d n** and **t** (**dag** 'day'; **ny** 'new'; **äta** 'eat'). The rarer **q** sounds like English 'k', and **w** like English 'v'.

Consonant		*Imitated Pronunciation*
s	**se** 'see' is always like 'ss' in English 'hiss'. Never use the 's' of English 'those'.	s *or* ss
c	**centrum** 'centre' is like the 'ss' in English 'hiss' (except in a few borrowed words such as **camping**, where it has the sound of English 'k').	s *or* ss
z	**zon** 'zone' is like the 'ss' in English 'hiss'	ss
x	**exempel** 'example' is like the 'x' in English 'excite'	kss
j	**ja** 'yes' is like the 'y' in English 'yes'	y
l	**läsa** 'read' is like 'l' in English 'lip' pronounced with the tip of the tongue at the back of the teeth. Avoid the **l** of English 'all'.	l

r	**rum** 'room' is trilled as in the Scottish 'Rory'	r
rs	**Lars**: the combination is like 'rsh' in English 'harsh'. This occurs even when the **r** and **s** are in different words: **var snäll** 'please'	rsh
rd, rl, rt, rn	**bord** 'table', **Karl**, **bort** 'away', **barn** 'child': in these combinations the 'r' is not trilled. The combined sounds are rather similar to the West-country English pronunciation of 'bard', 'furl', 'heart' and 'barn'.	
rg, lg	**arg** 'angry', **älg** 'elk': the 'g' in these combinations is pronounced similarly to English 'rry' in 'sherry' and 'lly' in 'silly'	rry lly
ng	**många** 'many' is pronounced like English 'ng' in 'singer' but not as in 'finger'	ng
gn	**regna** 'rain' is pronounced as 'ng-n' (rengna)	ngn

Pronunciation of 'g', 'k' and 'sk'

These consonants change their quality when they are followed by front vowels.

In most circumstances:

g	**gata** 'street' is like 'g' in English 'gate'
k	**katt** 'cat' is like 'k' in English 'Kate'
sk	**sko** 'shoe' is like 'sk' in English 'skip'

When followed by a front vowel (**e i y ä ö**) in a stressed syllable, however, these vowels change to a 'soft' pronunciation as follows:

Imitated Pronunciation

g	**Göran** is like 'y' in English 'young'	y
k	**kär** 'dear' is like 'ch' in German 'ich'. The English 'ch' in 'church' will be understood but listen carefully to the cassette to learn the correct sound.	ch

sk   **skida** 'ski' is similar to 'sh' in English 'shirt' if
you pronounce it with rounded lips. Many
people pronounce it like 'wh' in English
'whew!' The cassette will help you get the
right sound.   sh

There are a number of spelling variants for these soft consonant
sounds.

g as in **Göran** may also be written with the symbols:

   j as in **ja** 'yes'
   dj as in **djur** 'animal' (silent 'd')
   gj as in **gjorde** 'did' (silent 'g')
   hj as in **hjärta** 'heart' (silent 'h')
   lj as in **ljus** 'light' (silent 'l')

k as in **kär** may also be written with the symbols:

   tj as in **tjugo** 'twenty'
   kj as in **kjol** 'skirt'

sk as in **skida** may also be written with the symbols:

   sj as in **sju** 'seven'
   skj as in **skjorta** 'shirt'
   stj as in **stjärna** 'star'
   ti (in **-tion**) as in **station** 'station'

Lesson 1

1 Indefinite article

The indefinite article ('a', 'an') is either **en** or **ett** depending on the gender of the noun to which it refers:

en bil	a car	**ett barn**	a child
en hund	a dog	**ett hus**	a house

IMITATED PRONUNCIATION: ayn beel; ayn hund; ett bahrn; ett huess

2 Nouns

All Swedish nouns are either **En**-nouns or **Ett**-nouns (sometimes known respectively as common gender and neuter gender).

En-nouns		**Ett**-nouns	
kvinna	woman	**hus**	house
gata	street	**rum**	room
månad	month	**barn**	child
bil	car	**problem**	problem

About three-quarters of all nouns are **En**-nouns. Although there are many guidelines for predicting gender, the gender is best learned along with the word.

Most nouns denoting human beings and animals are **En**-nouns:

flicka	girl
man	man
hund	dog
katt	cat

(Exceptions: **ett barn** 'a child', **ett lejon** 'a lion')

Most nouns denoting days, months, seasons and festivals are **En**-nouns:

måndag	Monday

höst	autumn
jul	Christmas
januari	January

Most nouns that end in **-ad, -are, -dom, -else, -het, -ing, -ion, -ism, -lek** are **En**-nouns:

lärare	teacher
sjukdom	illness
rörelse	movement
svaghet	weakness
station	station

Most nouns that end in **-ek, -em, -iv, -um** are **Ett**-nouns:

apotek	pharmacy
system	system
motiv	motive
museum	museum

Names of towns, provinces, countries and continents are **Ett**-nouns:

Stockholm	Stockholm (Swedish capital)
Småland	Småland (Swedish province)
Sverige	Sweden
Europa	Europe

IMITATED PRONUNCIATION: **kvinn**a; **gaht**a; **mawn**ad; rum; prob**laym**; **flick**a; man; katt; **ley**on; **mon**dah; hurst; yuel; yanu-**ahr**i; **lair**areh; **shuek**doom; **rur**:relsseh; **svahg**-hayt; stash**oo:n**; apot**ayk**; süst**aym**; mot**eev**; muess**ayum**; **stock**holm; **smaw**land; **svery**-eh; eh-uer**oo:p**a.

3 Definite article in the singular

The definite article ('the') is added to the end of the noun. It will be referred to as the end article.

The singular definite article for **En**-nouns is **-en**.
The singular definite article for **Ett**-nouns is **-et**.

bil	car	**bilen**	the car
höst	autumn	**hösten**	the autumn
sjukdom	illness	**sjukdomen**	the illness

barn	child	**barnet**	the child
hus	house	**huset**	the house
bord	table	**bordet**	the table

Nouns that end in a vowel only add the -n or the -t of the singular definite article:

en kvinna	a woman	**kvinnan**	the woman
ett hjärta	a heart	**hjärtat**	the heart

En-nouns that end in -el or -er only add -n for the end article:

en nyckel	a key	**nyckeln**	the key
en dotter	a daughter	**dottern**	the daughter

Nouns of both genders ending in -en, and **Ett**-nouns ending in -el or -er, drop the -e- before adding the end article:

en öken	a desert	**öknen**	the desert
ett fönster	a window	**fönstret**	the window
ett exempel	an example	**exemplet**	the example

IMITATED PRONUNCIATION: **beel**en; **hurst**en; **shuek**doomen; **bahrn**et; **huess**et; **boor**d, **boord**et; **kvinn**an; ett **yairt**a, **yairt**at; en **nück**el, **nück**eln; en **dotter**, **dott**ern; en **ur:**ken, **ur:**knen; ett **furn**ster, **furn**stret; ett **ekssem**pel, **ekssem**plet.

Exercise 1

A Using the examples and guidelines above, give the correct indefinite article for each of the following nouns.
B Then add the end article to each noun instead.

1	**barn**	(child)	ett	barnet
2	**sjukdom**	(illness)	en	sjukdomen
3	**fisk**	(fish)	en	fisket
4	**nation**	(nation)	ett	nationett
5	**problem**	(problem)	ett	problemett
6	**bibliotek**	(library)	ett	biblioteket
7	**fågel**	(bird)	en	fågelen
8	**hus**	(house)	ett	husett
9	**hjärta**	(heart)	en	hjärtat
10	**sommar**	(summer)	ett	sommart
11	**påsk**	(Easter)	ett	påsket
12	**faktum**	(fact)	ett	faktumet

IMITATED PRONUNCIATION: fisk; natsh**oo:n**; biblio**tayk**; **fawg**el; **somm**ar; posk; **fakt**um.

Exercise 2

Give the Swedish for:

1	the woman	7	Sweden
2	a pharmacy	8	a street
3	the month	9	the cat
4	Christmas	10	a room
5	the station	11	a museum
6	the girl	12	the teacher

4 Subject pronouns

singular		*plural*	
jag	I	**vi**	we
du	you	**ni**	you
han	he	**de**	they
hon	she		
den	it (referring to an **En**-noun)		
det	it (referring to an **Ett**-noun)		
man	one		

IMITATED PRONUNCIATION: yah(g); due; han; hoon; den; de; man; vee; nee; dom.

De is pronounced 'dom' in almost all situations.

The form **ni** may be used as a formal 'you' singular. This went out of fashion except among older people during the 1960s and 1970s but has now become more common again. It is the norm in business and formal correspondence.

The general pronoun **man** is used much more frequently than the English 'one', and without its class overtones. It covers, for example, the situations where English might use a general 'you', 'they', 'we' or 'people'.

5 Two verbs: 'ha' (to have) and 'vara' (to be)

The infinitive (the basic form) of the majority of verbs ends in -a:

ha	to have	**tala**	to speak, talk
vara	to be	**arbeta**	to work

(In English the infinitive is often preceded by 'to' – the so-called infinitive marker. When an infinitive marker is necessary in Swedish, **att** is used.)

Swedish verbs have only one form for each tense. The present tense of the common irregular verbs **ha** and **vara** is as follows:

	ha			**vara**	
jag	har	I have	jag	är	I am
du	har	you have	du	är	you are
han	har	he has	han	är	he is
hon	har	she has	hon	är	she is
den	har	it has	den	är	it is
det	har	it has	det	är	it is
vi	har	we have	vi	är	we are
ni	har	you have	ni	är	you are
de	har	they have	de	är	they are

tom har *(dom ay)*

Vocabulary

Make a habit of learning all new words and their meanings as they appear in the text and examples. Other words you will need to learn for the exercises are given throughout the lessons in short lists like this.

gammal	old	**ful**	ugly
ny	new	**här**	here
vacker	beautiful	**och**	and
ung	young		

IMITATED PRONUNCIATION: (5) hah; **vahr**a; **tahl**a; arbayta; att; hahr, ay; (Vocabulary) **gamm**al; nü; **vack**er; ung; fuel; hair; ock (o).

Notice that **är** is usually pronounced 'ay'.

Exercise 3

Han har ett bil

Give the Swedish for:

1 He has a car.
2 They have a house.
3 I am old.
4 The car is new.
5 You (*pl*) have a child.
6 The girl is beautiful.

7 We have a problem.
8 You (*sing*) are young.
9 The bird is ugly.
10 I am here.
11 He has a cat and a dog.
12 Here is the station.

6 Noun plurals

The plural of nouns is formed by adding endings. The nouns fall into five groups, each with its characteristic plural ending and, even though it is often possible to predict the correct ending, it is better to learn it along with the gender.

(i)	**-OR**	**en blomma**	a flower	**blommor** flowers
(ii)	**-AR**	**en bil**	a car	**bilar** cars
(iii)	**-ER**	**en månad**	a month	**månader** months
(iv)	**-N**	**ett äpple**	an apple	**äpplen** apples
(v)	**–**	**ett barn**	a child	**barn** children

In the word lists the gender and plural of nouns will be indicated in this way: **bil** (noun) **-en** (gender) **-ar** (plural); **barn** (noun) **-et** (gender) **–** (plural).

The following guidelines will help to predict many of the plural endings:

(i) **En**-nouns that end in **-a** in the singular drop the **-a** and add **-or**:

OR

kvinna	**kvinnor**	women
gata	**gator**	streets
flicka	**flickor**	girls

(ii) Many nouns add **-ar** in the plural, including some you've already met, as well as **En**-nouns that end in **-e, -el, -en, -dom, -ing** and **-lek** in the singular. Nouns that end in **-e, -el, -en, -er** all drop the **-e-** before the plural ending.

AR

bil	**bilar**	cars

hund	hundar	dogs
måndag	måndagar	Mondays
höst	höstar	autumns
jul	jular	Christmases
pojke	pojkar	boy
fågel	fåglar	birds
sjukdom	sjukdomar	illnesses

(iii) Along with many other nouns, both **En-** and **Ett-**nouns that end in **-nad, -skap, -är, -het, -else, -ion** and **-ism** in the singular add **-er**:

en katt	katter	cats
en månad	månader	months
en svaghet	svagheter	weaknesses
en rörelse	rörelser	movements
en station	stationer	stations
en nation	nationer	nations

A small number of nouns in this group also change the vowel in the stem:

en stad	städer	towns
en bok	böcker	books (note spelling)

(iv) **Ett-**nouns that end in a vowel in the singular add **-n**:

äpple	äpplen	apples
hjärta	hjärtan	hearts

(v) This group – like English 'one sheep, two sheep' – adds no plural ending. It contains mainly **Ett-**nouns plus those **En-**nouns (denoting people) that end in **-are, -er, -ande** and **-ende**:

ett barn	barn	children
ett hus	hus	houses
ett rum	rum	rooms
ett problem	problem	problems
en lärare	lärare	teachers
ett apotek	apotek	pharmacies
ett system	system	systems
ett motiv	motiv	motives
ett bibliotek	bibliotek	libraries

22

IMITATED PRONUNCIATION: en **bloomma**, **bloomm**or; **beel**ar;
mawnader; **epp**-leh, **epp**-len; **kvinn**or; **gaht**or; **flick**or; **hund**ar;
mondahgar; **hurst**ar; **yuel**ar; **poyk**eh, **poyk**ar; **fawg**lar;
shuekdoomar; **katt**er; **svahg**-hayter; **rur:r**elsser; stash**oo:n**er;
natsh**oo:n**er; en stahd, **staid**er; en boo:k, **burck**er; **yairt**an;
lairrareh.

Exercise 4

*Give the singular definite form (noun + end article) of the following
plurals:*

1	höstar	7	lärare	*hösten* *lärаren*
2	gator	8	fåglar	*gatan* *fågeln*
3	stationer	9	månader	*stationen* *månaden*
4	rörelser	10	hjärtan	*rörelsen* *hjärtat*
5	pojkar	11	barn	*pojken* *barnet*
6	hus	12	äpplen	*huset* *äpplet*

7 Numbers 0–10

0	**noll**	6	**sex**
1	**en/ett**	7	**sju**
2	**två**	8	**åtta**
3	**tre**	9	**nio**
4	**fyra**	10	**tio**
5	**fem**		

IMITATED PRONUNCIATION: noll; ayn/ett; tvaw; tray; **fü:ra**; fem;
sekss; shue; **otta**; nee-eh; tee-eh.

8 Question form

Simple statements are made into simple questions by putting the
verb before the subject.

Du har ett äpple. You have an apple.
Har du ett äpple? Have you an apple?
Har du många äpplen? Have you many apples?
Hur många äpplen har du? How many apples do you have?

Jan är här. Jan is here.
Är Jan här? Is Jan here?

Vocabulary (Exercises 5, 6 and 7)

bra	good	**på**	on
i	in	**mycket**	very
som	who, whom, which	**men**	but
också	also	**vad**	what
med	with		

IMITATED PRONUNCIATION: (8) **mong**a; huer; yahn; (Vocabulary) brah; ee; som; **ock**saw; meh(d); paw; **mük**eh; men; vah(d).

Exercise 5

Put the following into Swedish:
1 Boys and girls.
2 She has two cars.
3 We have four children.
4 They are women.
5 Stockholm has many streets.
6 The street has ten houses.
7 I have five apples.
8 The girl has three cats.
9 The teacher has a dog.
10 The car is good.
11 How many boys are in the house?
12 A woman who has many children.

Drill 1

In English, we rarely respond to a simple question such as 'Have you got an apple?' with a blunt 'Yes' or 'No'. It is more natural to say 'Yes, I have' or 'No, I haven't'. The equivalent Swedish idioms are as follows:

Har du ett äpple? Have you got an apple?
 Ja, det har jag. Yes, I have.
 Nej, det har jag inte. No, I haven't.

Är hon ung?   Is she young?
 Ja, det är hon.   Yes, she is.
 Nej, det är hon inte.   No, she isn't.

Now respond to the following prompts, first positively and then negatively:

1   Har du ett hus?
2   Har hon barn?
3   Är de unga?
4   Är du lärare?
5   Är det jul?
6   Är han gammal?
7   Har de en flicka?
8   Har ni många katter?

IMITATED PRONUNCIATION: yah; nay; **inteh**.

9 Everyday expressions

Here are some common conversational phrases you should learn. They may well be of use to you straight away.

Hej	Hello, Hi
Hej då	Cheerio, Bye
Goddag	Hello, How do you do?
Vi ses	See you soon
Tack	Thanks
Tack så mycket	Thank you very much
Nej, tack	No, thanks
jag (etc.) **bor**	I (etc.) live
jag (etc.) **heter**	I am (etc.) called

IMITATED PRONUNCIATION: hay; hay daw; goo-**dah**; vee sayss; tack; tack saw **mü**keh; boo:r; **hay**ter.

Reading text

Listen to the text if you have the cassettes, and practise reading it aloud:
Eva och Gunnar är lärare i Stockholm. De har två barn – en pojke och en flicka. Pojken heter Erik och flickan heter Karin. De har

också en hund som heter Bill och en katt som heter Puss. De bor i ett hus med fem rum på Trollbergsgatan. Katten är mycket ung men hunden är gammal.

IMITATED PRONUNCIATION: **ayva**; **gunn**ar; **ayr**eek; **kahr**in; bill; puss; **troll**berryss-gahtan.

Exercise 6

Answer in Swedish the following questions on the text:
1 Är Eva och Gunnar lärare?
2 Hur många barn har de?
3 Vad heter pojken?
4 Vad heter flickan?
5 Hur många hundar har de?
6 Är hunden ung?
7 Hur många rum har huset?
8 Vad heter gatan?

Exercise 7

Translate the text into English.

Vocabulary to Lesson 1

Notice the order of the Swedish alphabet: A–Z followed by Å, Ä and Ö.

At the end of every lesson we shall provide a list of all new words you have learned in the lesson, together with details such as gender and plural of nouns. Cover up the Swedish and check that you have learned it thoroughly.

apotek-et–	pharmacy	**bok-en, böcker**	book
arbeta	to work	**bor**	live(s)
barn-et–	child	**bord-et–**	table
bibliotek-et–	library	**bra**	good
bil-en-ar	car	**de**	they
blomma-n-or	flower	**den/det**	it

dotter-n, döttrar	daughter
du	you (*sing informal*)
en/ett	a/one
Europa	Europe
exempel,	example
exemplet, –	
faktum-et, fakta	fact
fem	five
fisk-en-ar	fish
flicka-n-or	girl
ful	ugly
fyra	four
fågel-n, fåglar	bird
gammal	old
gata-n-or	street
goddag	hello, how do you do?
ha/har	to have/has
han	he
heter	am/is/are called
hej	hello
hej då	cheerio
hjärta-t-n	heart
hon	she
hund-en-ar	dog
hur	how
hus-et–	house
här	here
höst-en-ar	autumn
i	in
inte	not
ja	yes
jag	I
januari	January
jul-en-ar	Christmas
katt-en-er	cat
kvinna-n-or	woman
lejon-et–	lion
lärare-n–	teacher
man	one (you, they etc.)
man-nen, män	man
med	with
men	but
motiv-et–	motive
museum,	museum
museet,	
museer	
mycket	very
månad-en-er	month

måndag-en-ar	Monday
många	many
nation-en-er	nation
nej	no
ni	you (*sing formal, pl*)
nio	nine
noll	zero
ny	new
nyckel-n,	key
nycklar	
och	and
också	also
pojke-n-ar	boy
problem-et–	problem
på	on
påsk-en-ar	Easter
rum-met–	room
rörelse-n-r	movement
sex	six
sju	seven
sjukdom-en-ar	illness
Småland	Småland
som	who, whom, which
sommar-en,	summer
somrar	
stad-en, städer	town
station-en-er	station
Stockholm	Stockholm
svaghet-en-er	weakness
Sverige	Sweden
system-et–	system
tack	thanks
tack så mycket	thank you very much
tala	to speak
tio	ten
tre	three
två	two
ung	young
vacker	beautiful
vad	what
vara	to be
vi	we
vi ses	see you soon
åtta	eight
äpple-t-n	apple
är	am/is/are
öken, öknen,	desert
öknar	

Lesson 2

10 Present tense of verbs

The present tense of regular Swedish verbs is formed by adding
-ar, **-er** or **-r** to the stem of the infinitive (that is, the infinitive
minus its final **-a**). There are four classes of verbs but in the present
tense Class 2 and Class 4 behave in the same way.

	1 **-AR**	2 **-ER**	3 **-R**	4 **-ER**
Infinitive	**jobba**	**köpa**	**bo**	**komma**
	to work	to buy	to live	to come
Present	**jobbar**	**köper**	**bor**	**kommer**

Jag jobbar i Stockholm. I work in Stockholm.
Hon köper tre äpplen. She buys three apples.
Vi bor i Sverige. We live in Sweden.
De kommer till Småland. They come to Småland.

It is not generally possible to predict which of the above classes a
verb will belong to, though most verbs which have an infinitive
without an **-a** ending belong to Class 3. There are, however, some
Class 4 verbs without the infinitive **-a** and these merely add **-r** for
the present tense like Class 3, e.g. **gå** 'to go, walk', present tense
går.

A small number of verbs, e.g. **höra** (2) 'to hear', which have a stem
ending in **-r** do not add an ending in the present tense. Thus:
infinitive **höra**, present tense **hör**.

Swedish has no equivalent to the English continuous tense and 'do'
construction. 'I am working', 'I do work' and 'I work' would all be
jag jobbar in Swedish.

In Swedish the future is very commonly expressed by the use of the
present tense together with a time word:

Vi kommer imorgon. We shall come tomorrow.

Vocabulary

The class to which a verb belongs is given in brackets.

stanna (1)	to stop, stay
titta (1)	to look
åka (2)	to go, travel
tro (3)	to think, believe
få (4)	to get
skriva (4)	to write

IMITATED PRONUNCIATION: (10) **yobb**a, **yobb**ar; **chur:**pa, **chur:**per; boo:, boo:r; **komma, komm**er; gaw, gawr; **hur:**ra, hur:r; vee **komm**er imorron; (Vocabulary) **stanna; titta; awk**a; troo; faw; **skreev**a.

Exercise 8

Give the Swedish for:

1	I walk	9	they live
2	he works	10	he is
3	they look	11	she has
4	we travel	12	we buy
5	you (*pl*) write	13	he stops
6	she believes	14	I travel
7	you (*sing*) get	15	I think
8	you (*pl*) come		

11 'Åka' and 'gå'

Notice that **gå** specifically means 'to walk'; it normally only corresponds to English 'go' in the sense of 'attend'.

gå i skolan	to go to school
gå på bio	to go to the cinema

English 'go' in the general sense of 'travel' is covered by **åka**. This verb also produces a useful series of phrases:

åka buss	to go by bus
åka tåg	to go by train
åka bil	to go by car

åka båt	to go by boat
åka cykel	to go by bike
åka skidor	to ski

Vi åker buss till Lund.	We're going by bus to Lund.
Vi åker tåg till Malmö.	We're going by train to Malmö.

Vocabulary (for Exercises 9, 10, 11 and 12)

buss-en-ar	bus
tåg-et–	train
båt-en-ar	boat
skida-n-or	ski
cykel-n, cyklar	bicycle
affär-en-er	shop
varuhus-et–	department store
kontor-et–	office
skola-n-or	school
skog-en-ar	forest
från	from
nu	now
idag	today
snart	soon
göra	to do
så	so
svenska-n	Swedish
engelska-n	English

IMITATED PRONUNCIATION: (11) gaw i **skoo:**lan; gaw paw **bee-**o; awka **buss**; awka **tawg**; awka **beel**; awka **bawt**; awka **sück**el; awka **shee**dor; vee **awk**er **buss** till lund; vee **awk**er **tawg** till **malm**ur; (Vocabulary) **shee**da; aff**airr**; **vahr**u-huess; kont**oo:r**; **skoo:**la; skoo:g; frawn; nue; i**dahg**; snahrt; **yur:**ra; saw; **svens**ka; **eng**elska.

Exercise 9

Give the Swedish for:
1 The bus will come soon.
2 We shall travel to Stockholm tomorrow.
3 The boy and the girl go to school.

4 How are you travelling to Sweden?
5 I'm going by train.
6 They live in a house in the town.
7 She is ski-ing in the forest today.
8 The woman works in (**på**) a shop.
9 The girl comes from Malmö.
10 We go to the cinema.
11 He walks to the office in the town.
12 How many children are ski-ing now?
13 He is looking at (**på**) a house on Storgatan.
14 The boy will buy a bicycle tomorrow.

12 The definite article in the plural

We have seen (in Section 3) that the definite article in the singular is an end article and that it differs according to the gender of the noun. The plural article is also an end article. It does not vary according to gender but there is a change depending on the class of noun and its plural ending.

(i)	**-OR**	**flickor**	adds **-NA: flickorna**	the girls
(ii)	**-AR**	**pojkar**	adds **-NA: pojkarna**	the boys
(iii)	**-ER**	**städer**	adds **-NA: städerna**	the towns
(iv)	**-N**	**äpplen**	adds **-A: äpplena**	the apples
(v)	**–**	**barn**	adds **-EN: barnen**	the children

The **En**-nouns of group (v), i.e. nouns that end in **-are**, **-er**, **-ande**, **-ende** and denote people, are exceptions to the above rules in that they add **-NA**. (Those that end in **-are** drop the final **-e** before doing so.)

lärare teachers   **lärarna** the teachers
belgier Belgians   **belgierna** the Belgians
studerande students   **studerandena** the students

The indefinite and definite plural of **man** 'man' are irregular: **män**, **männen**.

IMITATED PRONUNCIATION: **flick**oorna; **poyk**arna; **staid**erna; **epp**-lenna; **bahrn**en; **lair**arna; **belg**ee-er, **belg**ee-erna; stud**ayr**andeh, stud**ayr**andenna; men, **men**nen.

Exercise 10

Give first the plural and then the plural plus definite article of the following nouns:

1	en gata	11	ett äpple
2	ett barn	12	en cykel
3	ett hjärta	13	en skog
4	ett hus	14	ett bibliotek
5	ett tåg	15	en station
6	en skida	16	en flicka
7	ett bord	17	en bil
8	en höst	18	en båt
9	en fågel	19	ett varuhus
10	en stad	20	en skola

13 Question words

We have already seen (Section 8) that the verb comes before the subject in simple questions:

Kommer du?   Are you coming?

This is called inverted word order or inversion and, as will be seen later, it is important in Swedish in many contexts. Such inversion also operates when questions are asked using question words:

hur	how -
när	when
var	where
vem	who
vad	what
varför	why
varifrån	where . . . from

Hur gammal är hon?   How old is she?
När kommer du till Lund?   When are you coming to Lund?
Var bor ni?   Where do you live?
Vem är flickan?   Who is the girl?
Vad köper han idag?   What is he buying today?
Varför är han här?   Why is he here?
Varifrån kommer hon?   Where does she come from?

Varifrån can be split into **var . . . ifrån:**

Var kommer hon ifrån?   Where does she come from?

One further question word is **vilken**, which changes according to the gender of the noun to which it applies: the form **vilken** is used with **En**-nouns, whereas **vilket** is used with **Ett**-nouns and **vilka** with plurals.

Vilken bok köper han?   Which book is he buying?
Vilket barn bor här?   Which child lives here?
Vilka böcker köper han?   Which books is he buying?

Vem 'who' can only refer to one person. If the 'who' refers to more than one person **vilka** is used:

Vem är han?   Who is he?
Vilka är de?   Who are they?

Vad is often used in exclamations where English would have 'how':

Vad bra!   How nice!
Vad duktig du är!   How clever you are!

IMITATED PRONUNCIATION: nair; vahr; vem; **vahr**fur:r; **vahr**ifrawn; vahr **komm**er hoon ifrawn; **vil**ken, **vil**ket, **vil**ka; vah **dukt**i due ay.

Exercise 11

Give the Swedish for:
1   How many books are you (*sing*) buying?
2   Why are you (*pl*) going to Sweden?
3   Who is writing the book?
4   Where does the woman live?
5   Where does the boy come from?
6   What does one (**man**) do?
7   Which girls live in the house?
8   How old is the boy?
9   When are they going to Stockholm?
10   What are you (*sing*) writing?

14 The preposition 'på'

På is a very common preposition used in expressions of both place and time. It also occurs in a large number of idiomatic phrases. Examples of some of these uses are given below.

Place:		
	på golvet	on the floor
	på bordet	on the table
	på väggen	on the wall
	på gatan	in/on the street
	på torget	in/on the square
	på landet	in the country
	på banken	at *or* to the bank
	på hotellet	at *or* to the hotel
	på kontoret	at *or* to the office
	på bio	at *or* to the cinema
	på teater	at *or* to the theatre
	på stationen	at *or* to the station
Time:	**på söndag**	on Sunday
	på hösten	in the autumn
	på kvällen	in the evening
Verbs:	**se (4) på**	to look at
	titta (1) på	to look at
	höra (2) på	to listen to
	vänta (1) på	to wait for
	tänka (2) på	to think of
Adjectives:	**säker på**	sure of
	trött på	tired of
	bra på	good at

15 Negatives

The most usual word for 'not' is **inte** and its usual position is immediately after the verb it is negating:

Jag är trött. I am tired.
Jag är inte trött. I am not tired.
Han hör. He hears.
Han hör inte. He doesn't hear.

Two other negatives (**icke, ej**) occur but in limited circumstances. **Ej** will, for instance, be seen on notices forbidding something:

Ej parkering!   No Parking
Ej rökning!   No Smoking

IMITATED PRONUNCIATION: (14) paw **golv**et; paw **vegg**en; paw **torr**-yet; paw **land**et; paw **bank**en; paw haw**tell**et; paw **bee**-o; paw te-**aht**er; paw **surn**dah; paw **kvell**en; **say** paw; **vent**a paw; **tenk**a paw; **saik**er paw; (15) ay park**ayr**ing; ay **rurk**ning.

16 Word order in main clauses

The word order in main clauses may be either normal or inverted. (A main clause is a clause capable of standing alone as a sentence in its own right.)

By normal order we mean that the statement starts with the subject, followed by the verb:

Jan åker buss.   Jan goes by bus.

By inverted order we mean that the subject follows the verb:

Åker Jan buss?   Is Jan going by bus?

As has already been suggested (Sections 8 and 13), inversion is the usual pattern in Swedish questions. Inversion of subject and verb is also very common in statements, for emphasis or balance. If a main clause begins with anything other than the subject, the verb must still come in second position and consequently the subject will follow it. That 'anything other' can be almost any element of the sentence, for instance, (a) an adverb or adverbial phrase; (b) the object in the clause; (c) an adjective describing the subject:

(a) **Nu är han här.**   Now he is here.
   Imorgon kommer hon.   Tomorrow she is coming.
   På vintern snöar det.   In winter it snows.

(b) **Sprit dricker hon aldrig.**   She never drinks spirits.
   Kaffe dricker hon hela dagen.   She drinks coffee all day.
   Det gör alla.   Everyone does that.

(c) **Vacker är hon inte.**   She is not beautiful.

Notice that, when inversion takes place, common adverbs such as **inte** and **aldrig** come after the subject instead of after the verb:

Normal: **Han kommer inte idag.**   He's not coming today.
Inverted: **Idag kommer han inte.**   Today he's not coming.

IMITATED PRONUNCIATION: paw **vint**ern **snur:**ar de; spreet **drick**er hoon **aldri**; **kaffeh drick**er hoon **hayla dahg**en; de yur:r **alla.**

Exercise 12

Rewrite the following sentences putting the words in italics at the beginning:
1 Vi går på bio *idag.*
2 De åker skidor *på vintern.*
3 Han har fem bilar *nu.*
4 Hon är inte *så gammal.*
5 Man tror *det* i Sverige.
6 En man och en kvinna bor *i huset.*
7 Han jobbar *imorgon.*
8 Vi talar inte *svenska och engelska.*

17 Object pronouns

The subject form of the personal pronouns has already been given (Section 4). The object forms are as follows:

Singular		*Plural*	
mig	me	**oss**	us
dig	you	**er**	you
honom	him	**dem**	them
henne	her		
den, det	it		

Notice the pronunciation of **mig, dig** and **dem.**

Flickan tittar på honom.	The girl looks at him.
Han ser henne inte.	He doesn't see her.
Jag tror dig.	I believe you.
Vi talar med dem.	We talk to them.

Note the position of **inte** and other common adverbs. When there is a simple direct object pronoun **inte** will come after it; if, however, the object pronoun is accompanied by a preposition (such as **på** or **med**) **inte** will remain in its usual position immediately after the verb:

Vi ser henne inte.   We don't see her.
Vi tittar inte på henne. We don't look at her.

IMITATED PRONUNCIATION: may; day; **hon**om; **henn**eh; den; day; oss; ayr; dom.

Exercise 13

Give the Swedish for:
1 I work with him.
2 They are looking at us.
3 She listens to you (*sing*).
4 The woman is waiting for me.
5 The children believe you (*pl*).
6 He is talking to her.

18 Numbers 11–20

11	**elva**	16	**sexton**
12	**tolv**	17	**sjutton**
13	**tretton**	18	**arton**
14	**fjorton**	19	**nitton**
15	**femton**	20	**tjugo**

Vocabulary

fredag-en-ar	Friday
ofta	often
för	too
student-en-er	student
år-et–	year
studera (1)	to study
mellan	between
eller	or
vid	at
stiga av (4)	to get off

fram	forward
fram till	up to
kiosk-en-er	kiosk, news-stand
där	there
tidning-en-ar	newspaper
sedan	then, after that
hem	home
att	that

IMITATED PRONUNCIATION: (18) **elva**; tolv; **tretton**; **fyoorton**; **femton**; **sexton**; **shuton**; **ahrrton**; **nitton**; **chuegoo**; (Vocabulary) **fray**dah; **ofta**; fur:r; stud**ent**; awr; stud**ayra**; **mellan**; **eller**; veed; **steega ahv**; fram; fram till; chosk; dair; **teed**ning; sen; hem; o. (Notice that **att** is often pronounced 'o' and that **sedan** is often pronounced 'sen'.)

Reading text

Listen to the text if you have the cassettes, and practise reading it aloud:
Det är en fredag på vintern och Gunilla åker buss. På sommaren åker hon ofta cykel, men nu är hon för trött. Och det snöar. Gunilla är student. Hon är nitton år och studerar engelska, men på måndagar och fredagar jobbar hon på en bank mellan två och fem. På kvällen går hon ofta på bio eller på teater men idag är hon trött. Bussen stannar vid stationen och hon stiger av och går fram till kiosken. Där köper hon en tidning och två äpplen och sedan går hon hem. Vad bra att det är fredag!

IMITATED PRONUNCIATION: gunilla.

Exercise 14

Give the definite plural forms of the following words in the text:

1	buss	6	kväll
2	cykel	7	kiosk
3	student	8	tidning
4	år	9	äpple
5	bank		

Exercise 15

Give the infinitives of the following verbs:

1	tittar	4	skriver
2	tror	5	hör
3	får		

Exercise 16

Answer in Swedish the following questions on the text:
1 Vad heter flickan i bussen?
2 Vad heter du?
3 Hur gammal är flickan?
4 Vad studerar Gunilla?
5 Vilka dagar jobbar hon på banken?
6 Vad gör hon ofta på kvällen?
7 Var stannar bussen?
8 Vad köper Gunilla?

Exercise 17

Translate the text into English.

Vocabulary to Lesson 2

affär-en-er	shop	**duktig**	gifted, able, proficient
aldrig	never		
alla	everyone	**där**	there
arton	eighteen	**ej**	not, no
att	that	**eller**	or
bank-en-er	bank	**elva**	eleven
belgier-n–	Belgian	**engelska-n**	English
bio(graf)-en-er	cinema	**er**	you (*pl obj*)
bo (3)	to live, dwell	**femton**	fifteen
buss-en-ar	bus	**fjorton**	fourteen
båt-en-ar	boat	**fram**	forward, on
cykel-n, cyklar	bicycle	**fram till**	up to
dag-en-ar	day	**fredag-en-ar**	Friday
dem	them	**från**	from
dig	you (*sing obj*)	**få** (4)	to get
dricka (4)	to drink	**golv-et–**	floor

gå (4)	to walk, go	snart	soon
göra (2)	to do	snöa (1)	to snow
hel	whole	sprit-en	spirits
hem	home	stanna (1)	to stop, stay
henne	her	stiga av (4)	to get off
honom	him	student-en-er	student
hotell-et–	hotel	studera	to study
höra (2)	to hear	studerande-n–	student
icke	not	svenska-n	Swedish
idag	today	så	so
imorgon	tomorrow	säker	sure
jobba (1)	to work	söndag-en-ar	Sunday
kaffe-t	coffee	teater-n, teatrar	theatre
kiosk-en-er	news-stand, kiosk	tidning-en-ar	newspaper
		till	to
komma (4)	to come	titta (1)	to look
kontor-et–	office	tjugo	twenty
kväll-en-ar	evening	tolv	twelve
köpa (2)	to buy	torg-et–	square
land-et, länder	country	tretton	thirteen
mellan	between	tro (3)	to believe, think
mig	me	trött	tired
nitton	nineteen	tåg-et–	train
nu	now	tänka (2)	to think
när	when	var	where
ofta	often	varför	why
oss	us	varifrån	where . . . from
parkering-en-ar	parking	varuhus-et–	department store
rökning-en	smoking	vem	who
se (4)	to see	vid	at
sedan	then, after that	vilken	which
sexton	sixteen	vinter-n, vintrar	winter
sjutton	seventeen	vägg-en-ar	wall
skida-n-or	ski	vänta (1)	to wait
skog-en-ar	wood, forest	åka (2)	to go, travel
skola-n-or	school	år-et–	year
skriva (4)	to write		

Lesson 3

19 Possessive of nouns

Possession in English is expressed either by the use of 's' with an apostrophe or by an 'of' construction: 'John's car'; 'the capital of Sweden'. By far the most common method in Swedish is to add an **-s** to the noun: **Jans bil; Sveriges huvudstad.** Notice that there is no apostrophe. A definite article may be added to the first noun but *never* to the second noun:

pojkens skidor   the boy's skis
dagens rätt   dish of the day
skolans rektor   the headmaster of the school
flickornas mor   the girls' mother

IMITATED PRONUNCIATION: **svery-ehss huev**ud-stahd; **dahge**nss rett; **skoo:la**nss **rekt**or; **flick**oornass moo:r

Exercise 18

Give the Swedish for:
1 the child's bicycle
2 the hotels of the country
3 the boys' boats
4 the woman's house
5 the girls' cats
6 the children of the school
7 the rooms of the house
8 the forests of Sweden

20 The imperative

The imperative is the form of the verb used for giving commands. It varies according to the class of the verb; in Class 1 and Class 3 the infinitive and the imperative are identical, while in Class 2 and

Class 4 the imperative is formed by dropping the **-a** of the infinitive:

	1	2	3	4
Infinitive	**stanna**	**köra**	**tro**	**springa**
Imperative	**Stanna!**	**Kör!**	**Tro!**	**Spring!**
	Stop!	Drive!	Believe!	Run!

Class 4 verbs with an infinitive that does not end in **-a** (e.g. **gå**) form their imperatives in the same way as Class 3 verbs: **Gå!** 'Walk!'

To make the imperative negative simply add **inte** in the usual way:

Stanna inte!   Don't stop!
Spring inte!   Don't run!

Two imperative constructions are often used to express 'please'. Literally, the expressions mean 'Be kind and . . .', using **var!** the imperative of **vara** 'to be':

Var så god och kom in!   Please come in!
Var snäll och stanna här!   Please stop here!

Var så god is used when offering someone something or allowing them to do something; **var snäll** is used when requesting or appealing.

Notice the spelling change from infinitive **komma** to imperative **kom!** Final **m** and **n** are rarely doubled even when the preceding vowel is short, as here.

IMITATED PRONUNCIATION: chur:r; spring; vahr shaw goo:d aw kom in; vahr shnell aw **stanna hair**

Exercise 19

Give the Swedish for:

1 Drive home!
2 Don't come tomorrow!
3 Please write to me!
4 Listen to me!
5 Drink coffee!
6 Please come soon!
7 Study Swedish!
8 Buy a boat!
9 Look at him!
10 Wait for us!

21 Modal auxiliary verbs

Modal auxiliary verbs have little meaning on their own but combine with the infinitive of another verb ('the main verb') to show such things as possibility, permission and intention.

The most common modal auxiliary verbs in Swedish are:

Infinitive	Present tense	
kunna	kan	to be able to, can
skola	ska (skall)	shall, will, is to
vilja	vill	want to
–	måste	must, have to
få	får	be allowed to, may

In two-verb constructions they are used directly together with the infinitive of the main verb:

Han kan komma imorgon.   He can come tomorrow.
Vi ska åka till Sverige.   We shall travel to Sweden.
Jag vill läsa boken.   I want to read the book.
Hon får gå på bio.   She may go to the cinema.

In negative constructions **inte** is placed after the modal auxiliary verb:

Han kan inte komma.   He can't come.
Hon vill inte köra.   She doesn't want to drive.

The negative 'must not' is **får inte** in Swedish:

Du får inte köra.   You must not drive.

Vocabulary (Exercises 20 and 21)

brev-et–	letter
teve-n-ar (TV-n-ar)	TV
öppna (1)	to open
dörr-en-ar	door
musik-en	music
stol-en-ar	chair

IMITATED PRONUNCIATION: (21) **kunn**a, kan; **skool**a, ska; **vil**ya, vill; **most**eh; faw, fawr; **laiss**a; (Vocabulary) brayv; **tay**vay; durr; **urp**na; mue**sseek**; stoo:l

Exercise 20

Give the Swedish for:
1 Gunilla wants to look at the shops.
2 We can go by train to Malmö.
3 You must not buy so many books.
4 I must write seven letters today.
5 Who wants to look at TV?
6 They don't want to go ski-ing tomorrow.
7 I can't hear you!
8 When are we allowed to see him?
9 They can't open the door.
10 I want to listen to the music.

22 The indefinite form of the adjective

The pattern of adjective + noun constructions in Swedish depends on the gender of the noun and on whether they are being used with the indefinite article, the definite article, or a possessive word. The forms used with the indefinite article (and in a number of other situations) are:

En-nouns	*Ett-nouns*	*Plurals*	
no ending	-t	-a	
svensk	svenskt	svenska	Swedish
stor	stort	stora	big
dyr	dyrt	dyra	expensive
billig	billigt	billiga	cheap
kall	kallt	kalla	cold
tråkig	tråkigt	tråkiga	boring
lång	långt	långa	long
tjock	tjockt	tjocka	fat, thick
varm	varmt	varma	hot

en svensk bil   a Swedish car
ett dyrt hus   an expensive house
billiga bilar   cheap cars

en tjock bok a thick book
ett kallt hotell a cold hotel
tråkiga böcker boring books

The adjective follows this pattern in the following circumstances:
(a) when used with the indefinite article (as above)
(b) when used with no article:

> **varm mat** hot food
> **varmt väder** hot weather
> **varma dagar** hot days

(c) when the adjective appears in the predicate (separated from the noun):

> **Maten är varm.** The food is hot.
> **Vädret är varmt.** The weather is hot.
> **Dagarna är varma.** The days are hot.

(d) when the adjective follows a number:

> **två tråkiga böcker** two boring books
> **fem tråkiga filmer** five boring films

(e) when used with indefinite adjectives e.g. **någon (något, några)** 'some, any'; **ingen (inget, inga)** 'no, none'; **all (allt, alla)** 'all'; **varje** 'every, each'; **många** 'many'. (**Någon** and **ingen** are dealt with in more detail in Lesson 9.)

> **ingen stor stol** no big chair
> **inget stort bord** no big table
> **inga stora lägenheter** no big flats

(f) when used with interrogative (question) adjectives e.g. **vilken (vilket, vilka)** 'which':

> **vilken dyr biljett** which expensive ticket
> **vilket dyrt hotell** which expensive hotel
> **vilka dyra biljetter** which expensive tickets

IMITATED PRONUNCIATION: svensk; stoo:r; dü:r; **billi, billit, billi-a**; kall; **trawki, trawkit, trawki-a**; lawng; chock; varm; varm maht; varmt **vaid**er; **varma dahg**ar; fem **trawki-a film**er; **nawg**on; ingen; all (remember 'a' as in 'man'); **var**-yeh; inga **stoo:ra laig**enhayter; **vilk**en **dü:r** bil**yett**

Exercise 21

Give the Swedish for:
1 Olle has a Swedish bicycle.
2 Gunilla lives in a big house.
3 The tickets are too expensive.
4 I must buy some cheap chairs.
5 The capital of Sweden is big.
6 We see many boring films every year.
7 Eva's flat is cold.
8 He drives an expensive Swedish car.
9 All thick books are boring.
10 Open the door! The house is too hot!

23 Irregular adjectives

There are a number of minor variations on the adjectival endings described above. The most important of them are:

(a) Adjectives ending in a vowel add **-tt** in the **Ett**-form e.g. **fri, fritt, fria** 'free'.

(b) Adjectives ending in vowel + **t** double the **t** in the **Ett**-form e.g. **vit, vitt, vita** 'white'.

(c) Adjectives ending in **-tt** remain the same in the **Ett**-form e.g. **trött, trött, trötta** 'tired'.

(d) Adjectives ending in a vowel + **d** change to **-tt** in the **Ett**-form e.g. **god, gott, goda** 'good'.

(e) Adjectives ending in a consonant + **d** change to **t** in the **Ett**-form e.g. **hård, hårt, hårda** 'hard'.

(f) Adjectives ending in **nn** drop an **n** in the **Ett**-form e.g. **sann, sant, sanna** 'true'.

(g) Adjectives ending in **m** double the **m** in the plural e.g. **tom, tomt, tomma** 'empty'.

(h) Adjectives ending in **el** or **er** drop the **e** in the plural e.g. **vacker, vackert, vackra** 'beautiful'; **enkel, enkelt, enkla** 'simple'.

The plural of **gammal** 'old' is **gamla**.

Liten 'small' is also irregular: **liten, litet, små**.

A small number of adjectives never change their form. Some of them are very common words e.g. **bra** 'good', **fel** 'wrong'.

A few of these adjectives can only be used in the predicate (not in front of a noun) e.g. **sönder** 'broken', **slut** 'finished'. Others can only be used before a noun e.g. **stackars** 'poor, unfortunate':

Stackars Jan!   Poor Jan!
Filmen är slut.   The film is finished.

Exercise 22

Give the Ett-form of the following adjectives:
1 **bred** 'wide'   2 **blå** 'blue'   3 **våt** 'wet'   4 **lätt** 'light, easy'
5 **mild** 'mild'   6 **tunn** 'thin'

Exercise 23

Give the plural form of the following adjectives:
1 **dum** 'stupid'   2 **gammal** 'old'   3 **liten** 'small'   4 **nykter** 'sober'   5 **säker** 'sure'

IMITATED PRONUNCIATION: (23) free, fritt, **free**-a; veet, vitt, **veet**a; goo:d, gott, **goo:d**a; hawrd, hawrt, **hawrd**a; sann, sant, **sann**a; toom, toomt, **toom**a; vacker, vackert, **vack**ra; enkel, enkelt, en**k**la; **gamm**al, **gam**la; **leet**en, **leet**et, smaw; fayl; **surnd**er; sluet; **stack**arsh; (Ex. 22) brayd; blaw; vawt; lett; mild; tunn; (Ex. 23) dum; **nük**ter; **saik**er

Exercise 24

Give the Swedish for:
1 The house has a big white door.
2 Small children cannot read thick books.
3 Hot food is good when the weather is cold.
4 They are old and tired.
5 He is working in an empty house.
6 Brita's bicycle is broken.
7 We have a good flat but it is too small.
8 He writes boring letters to many beautiful girls.
9 Poor Erik has to study every day.
10 (The) School is finished and now we are free!

24 Numbers 20–

20	**tjugo**
21	**tjugoett (tjugoen)**
22	**tjugotvå**
	(etc.)
30	**trettio**
31	**trettioett (trettioen)**
32	**trettiotvå**
	(etc.)
40	**fyrtio**
50	**femtio**
60	**sextio**
70	**sjuttio**
80	**åttio**
90	**nittio**
100	**hundra** or **etthundra**
101	**hundraett** or **etthundraett (-en)**
152	**(ett)hundrafemtiotvå**
246	**tvåhundrafyrtiosex**
1000	**tusen** or **ettusen**
1001	**(ett)tusenett (-en)**
	(etc.)
1 000 000	**en miljon** (*pl* **-er**)
1 000 000 000	**en miljard** (*pl* **-er**)

Only the numbers ending in 'one' show the gender of the noun:

en hund so **tjugoen hundar, hundraen hundar** etc.
ett hus so **tjugoett hus, hundraett hus** etc.

The year in dates is normally said as follows:

1886 **artonhundraåttiosex**

IMITATED PRONUNCIATION: **chueg**oo; chue-**ett**; chue-**tvaw**; **tret**ti;
tretti-**ett**; tretti-**tvaw**; **furr**ti; **fem**ti; **sex**ti; **shut**ti; **ot**ti; **nit**ti; **hund**ra;
hundra-**ett**; hundra-femti-**tvaw**; **tues**sen; mil**yoo:**n; mil**yard**

Exercise 25

Write the following numerals and phrases in Swedish words:

(a) 24	(f) 79	(k) 143
(b) 47	(g) 92	(l) 231 dagar
(c) 38	(h) 88	(m) 471 år
(d) 65	(i) 21 flickor	(n) 1992
(e) 53	(j) 61 hotell	

25 'Den' or 'det'?

Den and **det**, both meaning 'it', refer respectively to **En**-nouns and **Ett**-nouns:

Var är boken? Jag har den här.   Where is the book? I have it here.
Var är kaffet? Jag har det här.   Where is the coffee? I have it here.

Den, however, is much more restricted in its use than **det**.

Den is used in the construction 'it is + adjective' where the 'it' refers to an **En**-noun:

Han har en cykel. Den är gammal.   He has a bicycle. It is old.
Hon har en hund. Den är vit.   She has a dog. It is white.

Det is used in the following circumstances – in some of which English would use a word other than 'it':

(a) in the construction 'it is + adjective' where the 'it' refers to an **Ett**-noun:

   Han har ett hus. Det är stort.   He has a house. It is big.
   Här är brevet. Det är långt.   Here is the letter. It is long.

(b) in the construction 'it is + noun' *irrespective* of the gender and number of the noun:

   Det är en hund.   It's a dog.
   Det är en stor hund.   It's a big dog.
   Det är ett hotell.   It's a hotel.
   Det är min bror.   It/He is my brother.
   Det är min syster.   It/She is my sister.

(c) where the 'it' is used in a general, impersonal way without reference to a specific noun:

Det regnar idag.   It's raining today.
Det är svårt att förstå.   It's hard to understand.
Hur gör man det?   How do you do it?

(d) corresponding to English 'there' in expressions such as:

Det finns ett hotell här.   There is a hotel here.
Det var en gång . . .   There was once . . .

(e) In idiomatic responses such as **Ja, det har jag** (see Lesson 1 Drill 1).

IMITATED PRONUNCIATION: de ay min broo:r; de ay min **süster**; de **reng**nar i**dahg**; de ay svawrt att furr**shtaw**; de finns ett haw**tell** hair; de vahr en gong

Vocabulary

fin	fine, nice
juni	June
hav-et–	sea
för att	in order to
bada (1)	to bathe
lite	a bit, somewhat
fortfarande	still
tycka om (2)	to like
därför att	because
bekväm	comfortable
faktiskt	actually
amerikansk	American
särskilt	specially
avstånd-et–	distance
skön	nice
sol-en-ar	sun
skina (4)	to shine
parkeringsplats-en-er	car park
parkera (1)	to park
låsa (2)	to lock
strand-en, stränder	shore

simma (1)   to swim
säga (4)   to say

Exercise 26

*Fill in the blanks in the following sentences with either **den** or **det**.
When you have finished and checked your answers in the key, listen to
the passage on the cassette, if you have it, and practise reading it aloud.*

(1) är en fin dag i juni och Göran kör till havet för att bada. Görans
bil är lite gammal men (2) är fortfarande bra. Han tycker om (3)
därför att (4) är mycket stor och bekväm. (5) är faktiskt en
amerikansk bil.
(6) är inte särskilt långt till havet. Snart ser han (7) på avstånd. (8)
är skönt att bada när solen skiner. Göran kör fram till en stor
parkeringsplats och parkerar bilen. Han låser (9) och går till
stranden.

IMITATED PRONUNCIATION: feen; **yuni**; hahv; fur:r att; **bahda**;
leeteh; **foort**fahrandeh; **tücka om**; **dair**fur:r att; be**kvaim**; **fakt**ist;
amerik**ahnsk**; **sair**shilt; **ahv**stond; shur:n; soo:l; **sheena**;
park**ay**ringss-plats; park**ayra**; **lawssa**; strand; **simma**; **say**-ya;
yur:ran

Exercise 27

Give the Swedish for:
1   We go to Sweden because it is a beautiful country.
2   They like swimming ('to swim') in the sea.
3   Today he is sober but somewhat tired.
4   It is not difficult to drive in Sweden.
5   Eva parks the car in (**på**) an empty street.
6   We can't go to the cinema every day because the tickets are too
     expensive.
7   The sun is shining and the sea is blue.
8   Now it is raining and everyone ('all' *pl*) is wet.
9   An old woman is reading the book to (**för**) a small boy.
10   The girl's brother wants to listen to music.
11   There are many wide streets in Stockholm, the capital of
      Sweden.

12 Can you understand what he is saying?
13 The chair is comfortable but the table is too small.
14 Please wait for me! I can't run!
15 The film is long and boring and she doesn't like it.

Vocabulary to Lesson 3

all	all	**juni**	June
amerikansk	American	**kall**	cold
avstånd-et–	distance	**kunna** (*irreg*)	to be able
bada (1)	to bathe	**köra** (2)	to drive
bekväm	comfortable	**lite**	a bit, somewhat
biljett-en-er	ticket	**liten**	little, small
billig	cheap	**lång**	long
blå	blue	**låsa** (2)	to lock
bred	wide	**lägenhet-en-er**	flat, apartment
brev-et–	letter	**läsa** (2)	to read
bror, brodern, bröder	brother	**lätt**	easy, light
		mat-en	food
dum	stupid	**mild**	mild
dyr	expensive	**miljard-en-er**	thousand million
därför att	because		
dörr-en-ar	door	**miljon-en-er**	million
enkel	simple	**min (mitt, mina)**	my
faktiskt	actually	**mor, modern, mödrar**	mother
fel	wrong		
femtio	fifty	**musik-en**	music
film-en-er	film	**måste** (*irreg*)	must, have to
fin	fine, nice	**nittio**	ninety
finns (det finns)	there is, there are	**nykter**	sober
		någon (något, några)	some, any
fortfarande	still		
fri	free	**parkera** (1)	to park
fyrtio	forty	**parkeringsplats -en-er**	car park
få (4)	to be allowed to, may		
		regna (1)	to rain
för att	in order to	**rektor-n-er**	headmaster
förstå (4)	to understand	**rätt-en-er**	dish, course
god	good	**sann**	true
gång-en-er	occasion, time	**sextio**	sixty
hav-et–	sea	**simma** (1)	to swim
hundra	hundred	**sjuttio**	seventy
huvudstad-en, huvudstäder	capital city	**skina** (4)	to shine
		skola (*irreg*)	shall, will
hård	hard	**skön**	nice
in	in	**slut**	finished
ingen (inget, inga)	none	**sol-en-ar**	sun
		springa (4)	to run

stackars	poor, unfortunate (people or animals)	**tom**	empty
		trettio	thirty
		tråkig	boring
		tunn	thin
stol-en-ar	chair	**tusen**	thousand
stor	big	**tycka om** (2)	to like
strand-en, stränder	shore	**var snäll och**	please
		var så god och	please
svår	difficult	**varje**	each, every
svensk	Swedish	**varm**	hot
syster-n, systrar	sister	**vilja** (*irreg*)	to want to
säga (4)	to say	**vit**	white
särskilt	specially	**våt**	wet
sönder	broken	**väder, vädret**	weather
teve-n-ar	TV	**åttio**	eighty
tjock	fat, thick	**öppna** (1)	to open

Lesson 4

26 Weak and strong verbs

As in the other Germanic languages (including English), there are strong and weak verbs in Swedish.

Weak verbs are those verbs that form their past tenses by the addition of an ending:

Infinitive	*Imperfect*
to love	he loved
älska (1)	**han älskade**

Strong verbs are those verbs that form their past tenses by a change of vowel in the stem:

Infinitive	*Imperfect*
to drink	he drank
dricka	**han drack**

The vowel changes in Swedish and English strong verbs are not necessarily the same, nor are verbs that are strong in English necessarily strong in Swedish.

Of the four classes of verbs in Swedish (Section 10) Classes 1, 2 and 3 are weak, whereas all strong verbs are gathered as Class 4 irrespective of the particular vowel change.

27 The imperfect tense of weak verbs

The imperfect is the simple past tense of the verb. Swedish has only one form to cover the English possibilities of, for instance, 'he talked', 'he did talk' and 'he was talking'.

The imperfect tense of weak verbs is formed by the addition of **-ade**, **-de**, **-te** or **-dde** to the stem of the infinitive (that is, the infinitive minus its final **-a**).

	1	2a	2b	3
	-ADE	**-DE**	**-TE**	**-DDE**
Infinitive	**kosta**	**stänga**	**röka**	**ske**
	to cost	to close	to smoke	to happen
Imperfect	**kostade**	**stängde**	**rökte**	**skedde**

Skjortan kostade 210 kronor. The shirt cost 210 crowns.
Han stängde av teven. He switched off the TV.
Hon rökte cigarretter. She smoked cigarettes.
Det skedde för tio år sedan. It happened ten years ago.

There are a number of points to note about Class 2 verbs:

(a) Verbs with a stem ending in **k, p, t, s** or **x** belong to 2b: **åka, köpa, möta** ('to meet', imperfect **mötte**), **läsa**.
(b) Verbs with a stem ending in consonant + **d** or consonant + **t** only add **-e** in the imperfect: **tända** ('to light', imperfect **tände**); **lyfta** ('to lift', imperfect **lyfte**).
(c) Verbs with a stem ending in **-mm** or **-nn** drop the doubling before the imperfect ending: **glömma** ('to forget', imperfect **glömde**).

Exercise 28

Give the imperfect forms of the following verbs:

1 **betala** (1) to pay
2 **sy** (3) to sew
3 **följa** (2) to follow
4 **byta** (2) to exchange, change
5 **avsky** (3) to detest
6 **kolla** (1) to check
7 **växa** (2) to grow
8 **känna** (2) to know (people)
9 **bero** (3) to depend
10 **lyfta** (2) to lift

28 Irregular verbs

There are many irregular verbs. So far we have met the following common irregular verbs:

Infinitive		*Present*	*Imperfect*
vara	to be	**är**	**var**
ha	to have	**har**	**hade**
heta	to be called	**heter**	**hette**
få	to get	**får**	**fick**

gå	to go	går	gick
säga	to say	säger	sade
göra	to do	gör	gjorde
se	to see	ser	såg
kunna	to be able	kan	kunde
skola	shall, will	ska	skulle
vilja	to want to	vill	ville
–	have to, must	måste	måste
komma	to come	kommer	kom

Sade is usually pronounced and often written **sa**.

Vocabulary (Exercises 29 and 30)

för . . . sedan	ago
mycket	much
klänning-en-ar	dress, frock
skjorta-n-or	shirt
byxor (*pl*)	trousers
kjol-en-ar	skirt
tröja-n-or	sweater
vindjacka-n-or	anorak
mössa-n-or	cap
kläder (*pl*)	clothes
krona-n-or	crown
restaurang-en-er	restaurant
cigarrett-en-er	cigarette
så snart (som)	as soon as
leka (2)	to play
gul	yellow
röd	red

Exercise 29

Give the Swedish for:
1 She was sewing a blue dress two days ago.
2 Göran bought four white shirts in (**på**) the department store.
3 He went home and changed clothes.
4 Jan lit a cigarette and read the newspaper.
5 Eva's new cap cost 400 crowns.

6   Eva detested a new sweater which Jan wanted to buy.
7   How much did the trousers cost?
8   He wanted to buy her a skirt.
9   They couldn't forget the girl in the shop.
10 We liked him as soon as we saw him.
11 It happened fifteen years ago.
12 I couldn't hear what he said.
13 They loved children and played with them every day.
14 The trousers were too big and the anorak was too small.
15 I followed her to a restaurant.

29 The definite form of the adjective

We have already seen (Section 22) the indefinite construction of
adjective + noun. The construction that is used together with the
definite article is as follows:

En-nouns	*Ett-nouns*	*Plurals*
den gröna kjolen	**det gröna bordet**	**de gröna kjolarna**
the green skirt	the green table	the green skirts

Notice two things:

(a) The adjective is in the **-a** form irrespective of gender and
    number. (When referring to one male, it sometimes ends in **-e**
    e.g. **den unge pojken**.)
(b) There is a double definite article i.e. the end article on the
    noun *and* a new article which is either **den**, **det** or **de**
    depending on gender and number.

The adjective **liten** 'small' has an irregular definite form: **den lilla
flickan, det lilla huset, de små flickorna.**

The definite construction is used in two sets of circumstances:

(a) with the definite article (as above)
(b) with the demonstrative words **den/det/de här** 'this', 'these' and
    den/det/de där 'that', 'those'.

> **den här nya vindjackan**   this new anorak
> **det där billiga hotellet**   that cheap hotel
> **de här gamla byxorna**   these old trousers

Exercise 30

Change the following indefinite expressions into the definite form:

1	en vit skjorta	6	en billig bil
2	gamla kläder	7	ett stort hus
3	ett nytt hotell	8	gröna klänningar
4	en röd vindjacka	9	ett långt tåg
5	gula byxor	10	stora hus

Vocabulary (Exercises 31 and 32)

sko-n-r	shoe
strumpa-n-or	stocking
strumpbyxor (*pl*)	tights
blus-en-ar	blouse
överrock-en-ar	overcoat
regnrock-en-ar	raincoat
träningssko-n-r	trainer
brun	brown
grön	green
grå	grey
svart	black
smutsig	dirty
för	for
igår	yesterday
morgon-en, morgnar	morning

Exercise 31

Give the Swedish for:
1 Please buy those brown shoes.
2 The grey raincoat was old and dirty.
3 The small boy wanted to buy the red trainers.
4 This black overcoat is too small.
5 Gunilla bought these expensive new tights yesterday.
6 Long stockings are too hot in summer.
7 That yellow blouse costs too much.
8 I paid 450 crowns for this little anorak.
9 She bought that raincoat because it was raining.
10 I want to exchange the black shoes.

30 Polite requests

The following are common ways of asking and thanking for things.

Vad får det vara?   What would you like?/What can I do for you?
Kan jag hjälpa dig/er?   Can I help you?
Jag skulle vilja ha hatten tack.   I'd like the hat, please.
Jag tar mössan tack.   I'll take the cap, please.
Kan jag få blusen tack.   Can I have the blouse, please?
Var snäll och visa mig skjortan.   Please show me the shirt.
Är det bra så?   Is that right? Is that everything?
Tack ska ni/du ha!   Thank you.
Tack så mycket!   Thank you very much.
Ja, tack!   Yes, please.
Nej, tack!   No, thank you.

Varsågod is used in a number of circumstances, particularly:

(a) When someone has given you something and you have thanked them they will respond with **Varsågod!** i.e. it is equivalent to 'You're welcome'.
(b) When someone gives you something they will often say **Varsågod!** i.e. equivalent to 'Here you are'.
(c) When someone is giving you permission to do something or waving you on in front, they will often say **Varsågod!**

31 Reflexive verbs

Reflexive verbs involve the subject in performing some action upon itself and are accompanied by a reflexive pronoun such as 'myself' or 'herself' e.g. 'I washed myself'.

Reflexive verbs are far more common in Swedish than in English. The construction is as follows – notice that the reflexive pronoun is the same as the normal object pronoun (Section 17) except in the third person.

jag skyndar mig (1)	I hurry
du skyndar dig	you hurry
han/hon etc. **skyndar sig**	he/she etc. hurries
vi skyndar oss	we hurry
ni skyndar er	you hurry
de skyndar sig	they hurry

Some other very common reflexive verbs are:

gifta sig (2)	to get married
klä sig (3)	to get dressed
känna sig (2)	to feel
lägga sig (4, *imp* **lade**)	to lie down, go to bed
lära sig (2)	to learn
raka sig (1)	to shave
sätta sig (4, *imp* **satte**)	to sit down
tvätta sig (1)	to wash

Exercise 32

Fill in the appropriate reflexive pronoun:
1 Han rakar ——— på morgonen.
2 Vi gifte ——— för tio år sedan.
3 Hon skyndade ——— hem.
4 De lärde ——— svenska.
5 Känner du ——— trött.
6 Han sätter ——— på stolen.
7 Vi lägger ——— på kvällen.
8 Skynda ——— , Erik!
9 Du tvättade ——— inte igår.
10 Nu ska ni lägga ——— .

Vocabulary (Conversation and Exercise 35)

expedit-en-er	shop assistant
par-et–	pair
passa till (1)	to match
ha råd att	to be able to afford
då	then
bäst	best
storlek-en-ar	size
prova (1)	to try on
passa (1)	to fit
jättebra	really good
kvalitet-en-er	quality
i alla fall	in any case
påse-n-ar	bag
kafé-t-er	café

kopp-en-ar	cup
fattig	poor

CONVERSATION

Expediten   Goddag! Vad får det vara?

Lars   Jo, jag skulle vilja ha ett par träningsskor.

Expediten   Vi har de här i vitt och de där i blått.

Lars   De ska passa till byxorna. Jag har inte råd att köpa nya byxor.

Expediten   Då är det bäst att ni tar de vita. Vad har ni för storlek?

Lars   Storlek 45. Kan jag få prova dem?

Expediten   Varsågod! Passar de?

Lars   Ja, de är jättebra. Vad kostar de?

Expediten   799 kronor. Men kvaliteten . . .

Lars   Ja, ja – jag tar dem i alla fall. Kan jag få en påse? Och var finns det ett bra kafé? Nu måste jag dricka en kopp kaffe . . .

32 Grammar and idioms in the conversation

(a) Expressions of quantity in Swedish do not have any equivalent to the 'of' in 'a cup of coffee':
en kopp kaffe   a cup of coffee
ett par skor   a pair of shoes

(b) When an indefinite noun form of a colour is needed the **Ett**-form of the adjective is used: **i vitt** 'in white'; **i blått** 'in blue'; **i rött** 'in red'.

(c) **Vad har ni/du för** . . . is a very common variant and more idiomatic than **vad är** . . .

(d) **Kan jag få** + noun is 'may I have . . .'; **kan jag få** + infinitive is 'may I . . .', asking for permission.

(e) The prefix **jätte-** (literally 'giant') is very commonly used to strengthen adjectives: **jättebra** 'really good'; **jättestor** 'really big'.

Exercise 33

Answer in Swedish these questions on the conversation:
1 Vad ville Lars köpa?
2 Varför ska skorna passa till byxorna?
3 Vilken storlek har Lars?
4 Hur mycket kostade skorna?
5 Vad ville Lars dricka?

Exercise 34

Translate the conversation into English.

33 Word order of adverbs in main clauses

Word order in questions and the order of subject and verb in main clauses have already been mentioned (Sections 8, 13, 16).

Adverbs are words or phrases that modify the meaning of the verb or some aspect of the clause. Many, but far from all, adverbs are derived from adjectives, e.g. adjective 'beautiful', adverb 'beautifully'. Examples of adverbs not derived from adjectives are: 'soon', 'never', 'always'.

(a) The normal position for simple adverbs in main clauses is immediately after the verb or, where there is an auxiliary verb, after the auxiliary verb:

Han läser aldrig. He never reads.
Hon kommer snart. She'll come soon.
Jag kan inte åka skidor. I cannot ski.
Vi ska möjligen köpa huset. We will possibly buy the house.

(b) For reasons of style and emphasis, however, an adverb may often start the main clause (Section 16). In such cases there will be inversion of subject and verb:

Aldrig läser han.
Snart kommer hon.
Inte kan jag åka skidor.
Möjligen ska vi köpa huset.

(c) The main exception to (a) is that object pronouns, unless they are being particularly stressed, will stand between the verb and the adverb:

Han älskar henne inte.   He doesn't love her.
Vi ser honom aldrig.   We never see him.
Jag köpte den inte.   I didn't buy it.

Compare this to the order when the object is a noun:

Han älskar inte kvinnan.   He doesn't love the woman.

(d) There are, of course, other more complex adverbs, often phrases expressing manner, place or time. These would be placed after the simple adverbs and usually in the order (i) manner (ii) place (iii) time:

Han skyndade sig	**genast**	**till kontoret**	**i morse.**
He hurried	at once	to the office	this morning.

It would be quite permissible to start the clause with any *one* of these adverbial elements as long as the subject and verb were then inverted:

I morse skyndade han sig genast till kontoret.

Exercise 35

*Make the following sentences negative by putting **inte** in the correct position:*
1 Evas mor var så fattig.
2 Jan tyckte om läraren.
3 Han kunde göra det.
4 Vi kan förstå svenska.
5 Jag dricker kaffe på morgonen.
6 Vi såg honom på tåget.
7 Erik köpte den igår.
8 Du kan gå på teater när du vill.

Exercise 36

Rewrite the following sentences putting the word or phrase in italics at the beginning:
1 Vi ska gå på bio *imorgon.*
2 Jag jobbar på banken *varje dag.*

3 Han åkte hem *på kvällen.*
4 Hon köpte *fem par skor* i Stockholm.
5 Ni bodde i Sverige *för femton år sedan.*

Vocabulary to Lesson 4

avsky (3)	to detest
bero (3)	to depend
betala (1)	to pay
blus-en-ar	blouse
brun	brown
byta (2)	to exchange, change
byxor (*pl*)	trousers
bäst	best
cigarrett-en-er	cigarette
den/det/de	the
den/det/de där	that, those
den/det/de här	this, these
då	then
expedit-en-er	shop assistant
fattig	poor
följa (2)	to follow
för	for
för . . . sedan	ago
genast	at once
gifta sig (2)	to get married
glömma (2)	to forget
grå	grey
grön	green
gul	yellow
ha råd att	to be able to afford
hatt-en-ar	hat
hjälpa (2)	to help
i alla fall	in any case
igår	yesterday
i morse	this morning
jättebra	really good
kafé-t-er	cafe
kjol-en-ar	skirt
klä sig (3)	to get dressed
kläder (*pl*)	clothes
klänning-en-ar	dress, frock
kolla (1)	to check
kopp-en-ar	cup
kosta (1)	to cost
krona-n-or	crown

kvalitet-en-er	quality
känna (2)	to know (people or places)
känna sig (2)	to feel
leka (2)	to play (as children play)
lyfta (2)	to lift
lägga sig (4, *imp* lade)	to lie down, go to bed
lära sig (2)	to learn
morgon-en, morgnar	morning
mycket	much
möjligen	possibly
mössa-n-or	cap
möta (2)	to meet
par-et–	pair
passa (1)	to fit
passa till (1)	to match
prova (1)	to try on
påse-n-ar	bag
raka sig (1)	to shave
regnrock-en-ar	raincoat
restaurang-en-er	restaurant
röd	red
röka (2)	to smoke
sig	him/her/itself, themselves
ske (3)	to happen
skjorta-n-or	shirt
sko-n-r	shoe
skynda sig (1)	to hurry
smutsig	dirty
storlek-en-ar	size
strumpa-n-or	stocking
strumpbyxor (*pl*)	tights
stänga (2)	to close
stänga av (2)	to switch off
svart	black
sy (3)	to sew
så snart (som)	as soon as

sätta sig (4, *imp* **satte**)	to sit down	**tända** (2)	to light
ta (4, *imp* **tog**)	to take	**vindjacka-n-or**	anorak
träningssko-n-r	trainer	**visa** (1)	to show
tröja-n-or	sweater	**växa** (2)	to grow
tvätta sig (1)	to wash	**älska** (1)	to love
		överrock-en-ar	overcoat

Lesson 5

34 Clock time

The usual ways of asking and telling the time are as follows:

Q: **Hur mycket är klockan?** What's the time?
   Vad är klockan?
A: **Klockan är ett.** It's one o'clock.
   Den är ett.

   Den är kvart i ett. It's quarter to one.
   Den är kvart över ett. It's quarter past one.

   Den är tjugo (minuter) i ett. It's twenty to one.
   Den är tjugo (minuter) över ett. It's twenty past one.

The half-hour works on the pattern of 'half on the way to', *not* 'half past':

Den är halv två. It's half past one.
Den är halv tre. It's half past two.

The times between twenty past the hour and twenty to the hour are a little more awkward in that they use the half-hour as their baseline:

Den är fem i halv två. It's twenty-five past one.
Den är fem över halv två. It's twenty-five to two.

To ask or answer at what time something happens use the following pattern:

Q: **Hur dags går tåget?** At what time does the train go?
   När går tåget? When does the train go?
A: **Klockan ett.** At one o'clock.
   Klockan halv två. At half past one.
   Klockan kvart över ett. At quarter past one.

The 24-hour clock is commonly used for official purposes, in which case the spoken pattern is as follows:

Klockan ett och trettio. 01.30.
Klockan tretton noll fem. 13.05.

Notice these written abbreviations:

kl. = **klockan** = o'clock
em. = **eftermiddag** = p.m. (afternoon)
fm. = **förmiddag** = a.m. (forenoon)

CONVERSATION 1

Ulla	**Goddag. När går tåget till Stockholm?** Hello. When does the train for Stockholm leave?
Biljettexpeditören (*Ticket clerk*)	**Klockan femton och trettiofem.** Fifteen thirty-five.
Ulla	**Hur dags kommer jag fram?** What time do I arrive?
Biljettexpeditören	**Klockan tjugo och tio.** Twenty ten.
Ulla	**Det är för sent. Jag vill komma fram senast klockan sju.** That is too late. I want to arrive at seven o'clock at the latest.
Biljettexpeditören	**Det går ett tåg tretton och fyrtio. Då är ni framme i Stockholm arton och femtio.** There is a train leaving at thirteen forty. Then you are in Stockholm at eighteen fifty.
Ulla	**Tack så mycket.** Thank you very much.

CONVERSATION 2

Carina	**Du Göran, ska vi gå på bio i kväll?** Göran, shall we go to the cinema this evening?
Göran	**När börjar filmen?** When does the film start?
Carina	**Halv åtta.** Half past seven.
Göran	**Det är för tidigt. Jag jobbar till kvart i sju idag.** It is too early. I am working until quarter to seven today.
Carina	**Det var synd. Hur länge jobbar du imorgon?** That's a pity. How long are you working tomorrow?
Göran	**Imorgon slutar jag tio minuter över sex.** Tomorrow I finish at ten past six.

35 Grammar and idioms in the conversations

You will find all the new words in these conversations in the vocabulary list at the end of the lesson.

(a) Notice the use of the verb **gå** with the meaning 'depart' here:

Tåget går kl. 5.   The train leaves at 5.
Bussen går kl.10.   The bus leaves at 10.

Railway timetables list **avgående tåg** 'departures' and **ankommande tåg** 'arrivals'.

(b) 'To arrive': the two phrases **komma fram** and **vara framme** both mean 'to arrive' but they use different prepositions (**till** and **i**):

När kommer hon fram till Stockholm?
När är hon framme i Stockholm?
When does she arrive in Stockholm?

(c) Impersonal constructions such as **det går ett tåg kl.13.40** are very common in Swedish. In English this only occurs with the verb 'to be' e.g. 'there is a train at 13.40' whereas very many Swedish verbs may be used in this way:

Det kommer en buss snart.   There is a bus coming soon.
Det sitter en flicka i rummet.   There is a girl sitting in the room.

(d) **Du Göran!** The use of **du** to attract someone's attention is common and does not have the abruptness an English speaker might expect.

(e) **Det var synd** 'that's a pity'. Notice the use of the past tense. Swedish frequently uses the imperfect in exclamations of this sort:

Det var snällt!   That's kind!
Det var dyrt!   That's expensive!

Exercise 37

Give the Swedish for the following times:

(a) 1 13.25; 2 17.10; 3 01.40; 4 06.35; 5 10.05;
    6 12.15; 7 18.55; 8 03.50

(b) 1 five past two; 2 half past twelve; 3 quarter to
    eight; 4 ten to eleven; 5 twenty-five past three;
    6 quarter past seven; 7 five to nine; 8 twenty-five to
    four

36 Possessive adjectives and pronouns

The possessive adjectives are:

Singular	**min (mitt, mina)**	my
	din (ditt, dina)	your
	hans	his
	hennes	her
	dess	its
Plural	**vår (vårt, våra)**	our
	er (ert, era)	your
	deras	their

Note that **hans, hennes, dess** and **deras** do not have different forms for **Ett**-nouns and plurals, but **min, din, vår** and **er** do:

din bok	my book	**hennes bil**	her car
ditt hus	your house	**hennes hus**	her house
dina barn	your children	**hennes kläder**	her clothes

The possessive pronouns are identical to the possessive adjectives: this is unlike English, where a distinction is made between e.g. 'my' and 'mine', 'you' and 'yours'.

min bok	my book	**Boken är min.**	The book is mine.
ditt hus	your house	**Huset är ditt.**	The house is yours.

37 Possessive form of adjective + noun

We have already seen the indefinite and definite constructions of adjective + noun (Sections 22 and 29). When an adjective + noun construction is used after the possessive adjectives, the adjective will always use the **-a** form:

min svenska bil   my Swedish car
mitt svenska hus   my Swedish house
mina svenska böcker   my Swedish books

This pattern is also followed when the adjective + noun is preceded by a noun with the possessive **-s** (Section 19):

Jans svenska bil   Jan's Swedish car
pojkens svenska skidor   the boy's Swedish skis

Vocabulary (Exercises 38–41)

fot-en, fötter	foot
till salu	for sale
alltid	always

Exercise 38

Give the Swedish for:
1 His shirt is black.
2 Our students are young.
3 The shoes are mine.
4 Her hat is too big.
5 The books are ours.
6 The raincoat is hers.
7 Your (*pl*) house is old.
8 Their dog is white.
9 My feet are small.
10 It is her skirt.

Exercise 39

Give the Swedish for:
1 Do you want to buy their old clothes?
2 His little boy is watching ('looking at') TV.
3 Those books are mine and these books are yours.
4 I don't like her white dress.
5 Our old school was too small.
6 Can you see my red trousers?
7 The big room is hers and the small room is his.
8 I can't read their long letter today.
9 My green raincoat cost 100 crowns.

10 She looked at Göran's yellow anorak.
11 Where is the girl's new bicycle?
12 That woman's Swedish car is for sale.

38 'Ja' and 'jo'

To answer 'yes' to a positive question use **Ja**.

To answer 'yes' to a negative question use **Jo**.

Q. **Är Anders hemma?**	A. **Ja.**
Is Anders at home?	Yes.
Är Anders inte hemma?	**Jo.**
Isn't Anders at home?	Yes (he is).
Ska vi gå på bio?	**Ja.**
Shall we go to the cinema?	Yes.
Ska vi inte gå på bio?	**Jo.**
Aren't we going to the cinema?	Yes (we are).

Drill 2

*Respond with either **ja** or **jo** to the following questions:*
1 Bor hon inte i Sverige?
2 Har du en svensk bil?
3 Är han inte student?
4 Studerar de inte svenska?
5 Är du hemma klockan 6?
6 Åker ni inte tåg till Lund?
7 Kan vi komma imorgon?
8 Vill hon inte köpa blusen?

39 The imperfect tense of strong verbs

Strong verbs are those verbs that form their past tenses by a change of vowel in the stem (see Section 26). The following are the most common vowel change patterns.

	Infinitive		*Present*	*Imperfect*
(a)	**skriva**	write	**skriver**	**skrev**
	bita	bite	**biter**	**bet**

(b)	**sjunga**	sing	**sjunger**	**sjöng**
	bjuda	offer	**bjuder**	**bjöd**
	supa	drink	**super**	**söp**
	suga	suck	**suger**	**sög**
(c)	**frysa**	freeze	**fryser**	**frös**
	flyga	fly	**flyger**	**flög**
(d)	**springa**	run	**springer**	**sprang**
	finna	find	**finner**	**fann**
(e)	**dra**	drag, pull	**drar**	**drog**
	ta	take	**tar**	**tog**
(f)	**svälta**	starve	**svälter**	**svalt**
	stjäla	steal	**stjäl**	**stal**

Note the irregularities in the imperfect of **dra**, **ta** and **stjäla**.

The **i** in Group (a) is long whereas the **i** in Group (d) is short. Remember the convention in Swedish spelling: a long vowel is followed by a single consonant whereas a short vowel is followed by two or more consonants.

Exercise 40

Give the imperfect forms of the following strong verbs:
1 **ljuga** tell a lie; 2 **försvinna** disappear; 3 **skina** shine; 4 **njuta** enjoy; 5 **tiga** be silent, say nothing; 6 **duga** be suitable; 7 **bryta** break; 8 **vinna** win; 9 **hinna** manage, have time; 10 **riva** tear; 11 **fara** travel; 12 **bära** carry

40 Omitting the indefinite article

The indefinite article is not used in Swedish in a number of situations where it would be expected in English, such as:

(a) In simple statements of profession, nationality, religion or political and regional affiliation:

Bill är engelsman. Bill is an Englishman.
Ulla är journalist. Ulla is a journalist.
Lars är socialist. Lars is a socialist.

Barbro är katolik. Barbro is a Catholic.
Fredrik är stockholmare. Fredrik is a Stockholmer.

However, if such statements are qualified by an adjective the indefinite article *is* used:

Han är en välkänd journalist. He is a well-known journalist.

(b) When a singular noun is used in a general sense:

Har du bil? Have you got a car?
Ja, jag har bil. Yes, I've got a car.

Exercise 41

Give the Swedish for:
1 Karin wrote a long letter.
2 The sun shone and the weather was beautiful.
3 Olof was a teacher in Malmö.
4 The boys ran to the station.
5 She disappeared at half past six.
6 He was a socialist but now he is a Catholic.
7 Pär sang to (**för**) us.
8 They always sang when they drank.
9 The young Englishman was silent.
10 I wanted to come but I didn't have time.

41 Relative pronouns

By far the most common relative pronoun is **som** ('who', 'whom', 'which', 'that'). It covers both singular and plural and both subject and object.
Jag skrev till en flicka som bor i Lund. I wrote to a girl who lives in Lund.
Här är boken som jag köpte. Here is the book that I bought.

Wherever the relative pronoun may be left out in English it may normally also be left out in Swedish:
Här är boken jag köpte. Here is the book I bought.
Flickan jag älskar bor i Lund. The girl I love lives in Lund.

Never place a preposition in front of **som**. Use instead the 'hanging' preposition as in idiomatic English.

Flickan (som) jag skrev till   The girl to whom I wrote/The girl (who) I wrote to.

The possessive of the relative pronoun is **vars** ('whose' – singular and plural) or **vilkas** ('whose' – plural only).

Mannen, vars hus brann ner, skrattade.   The man whose house burned down laughed.

When **vars/vilkas** is followed by an adjective, that adjective will take the **-a** form:

Där står mannen, vars stora hus brann ner.   There stands the man whose big house burned down.

In very formal written style **vilken (vilket, vilka)** will occasionally be met as a relative pronoun. It must agree in gender and number, and it may be preceded by a preposition.

Huset, till vilket de flyttade, var mycket gammalt.   The house to which they moved was very old.

It would be much more natural style these days to use the 'hanging' preposition:

Huset, som de flyttade till, var mycket gammalt.   The house that they moved to was very old.

When the relative pronoun refers back to the sense of a whole statement as opposed to a particular word **som** cannot be used. In such cases **vilket** (always the **Ett**-form) must be used.

Hon pratar för mycket, vilket är tröttsamt.   She talks too much, which is tiring.

Notice the use of **som** in the following idiomatic construction used for emphasis. It covers the situations where English would use 'He is (was) the one who . . .' or 'It is (was) him who . . .'.

Det är han som skriver romaner.   He's the one who writes novels.
Det var Gunilla som jobbade på banken.   It was Gunilla who worked at the bank.

74

Drill 3

Replace the simple statements with the idiomatic response as follows:
Han läser svenska.
Det är han som läser svenska.

1 Jan åker till Sverige.
2 Hon köpte böcker.
3 Pojken sprang hem.
4 Anna tycker om barn.
5 Jag kan komma imorgon.
6 Lars söp.
7 Vi gick på bio igår.
8 Han sjöng.
9 Hon vann.
10 Göran ljuger.

CONVERSATION

Expediten	**Hej, Anna! Det var länge sedan! Hur har du det nuförtiden?** Hello Anna! It's a long time since we met! How are things with you nowadays?
Anna	**Tack fint. Och du?** Fine, thanks. And you?
Expediten	**Tack, bara bra. Jag jobbar här nu. Men du . . .** Thanks, just fine. I work here now. But you . . .
Anna	**Jag bor i Göteborg nu, men jag är här därför att mamma är sjuk. Hon har influensa.** I live in Gothenburg now but I am here because Mum is ill. She has flu.
Expediten	**Så synd då! Hälsa henne så gott.** What a shame! Wish her all the best.
Anna	**Det ska jag göra. Hon är redan på bättringsvägen men jag ska stanna ett par dagar till.** I'll do that. She is already on the road to recovery but I'll stay a couple more days.
Expediten	**Vad får det vara förresten?** What can I do for you, by the way?
Anna	**Kan jag få Dagens Nyheter och ett skrivblock, tack.** Can I have the Daily News and a writing pad please?

Expediten	**Ja, varsågod. Något annat?**	Yes, here you are. Anything else?
Anna	**Nej tack, det är bra så.**	No, thank you, that's fine.
Expediten	**7 kr. för tidningen och 24:50 för skrivblocket. Det blir 31:50.**	7 crowns for the paper and 24:50 for the writing pad. That'll be 31:50.
Anna	**Varsågod.**	Here you are.
Expediten	**Tack.**	Thank you.

42 Grammar and idioms in the conversation

(a) The idiomatic use of **ha** in such phrases as **Hur har du det?** 'How are things with you?' is very common.

Jag har det bra nuförtiden. Things are fine for me these days.
Ulla har det svårt just nu. Ulla is having a bad time of it just now.
Ha det bra! All the best! Keep well!

(b) **Hälsa** (literally 'to greet') is also used to send greetings as here. The verb with preposition **hälsa på** means 'to visit'.

Hälsa henne från mig! Give her my best wishes!
Han hälsade på Gunilla när han var i Göteborg. He visited Gunilla when he was in Gothenburg.

(c) A careful distinction has to be made between the use of **annan/annat/andra** ('other') and . . . **till** in statements such as:
Jag vill ha en kopp till. I want another cup i.e. one more.
Jag vill ha en annan kopp. I want another cup i.e. a different cup.
Kan du stanna en dag till? Can you stay another day i.e. one more?
Kan du komma en annan dag? Can you come another day i.e. a different day?

Vocabulary to Lesson 5

alltid	always
ankommande	arriving
annan (annat, andra)	other, else
avgående	departing
bara	only
bara bra	just fine
biljettexpeditör -en-er	ticket clerk
bita (4)	to bite
bjuda (4)	to offer
bli (4 imp blev)	to become, come to
brinna (4)	to burn
bryta (4)	to break
bära (4)	to carry
bättringsväg -en-ar	road to recovery
börja (1)	to start, begin
deras	their/theirs
dess	its
din (ditt, dina)	your/yours (sing)
dra (4 imp drog)	to drag, pull
duga (4)	to be suitable
eftermiddag-en -ar	afternoon
engelsman-nen, män	Englishman
er (ert, era)	your/yours (pl)
fara (4)	to travel
finna (4)	to find
flyga (4)	to fly
flytta (1)	to move house
fot-en, fötter	foot
fram (with komma)	there (to get there)
framme (with vara)	there (to have arrived there)
frysa (4)	to freeze, to be cold
förmiddag-en-ar	forenoon
förresten	by the way, incidentally
försvinna (4)	to disappear
Göteborg	Gothenburg
halv	half
hans	his
hemma	at home

hennes	her/hers
hinna (4)	to have time, to manage
hur dags	at what time
hälsa (1)	to greet
hälsa på (1)	to visit
i	to (with clock time)
i kväll	this evening
influensa-n-or	influenza
jo	yes
journalist-en-er	journalist
just	just
katolik-en-er	Catholic
klocka-n-or	clock, watch
klockan	o'clock
kvart-en-er	quarter
ljuga (4)	to lie, tell lies
länge	long
länge sedan	a long time ago
mamma-n-or	Mum
min (mitt, mina)	my/mine
minut-en-er	minute
ner	down
njuta (4)	to enjoy
nuförtiden	nowadays
nyheter	news
par-et–	couple
prata (1)	to talk, chat
redan	already
riva (4)	to tear
roman-en-er	novel
sen	late
senast	latest, at the latest
sitta (4)	to sit
sjuk	ill
sjunga (4)	to sing
skratta (1)	to laugh
skrivblock-et–	writing pad
sluta (1)	to finish
socialist-en-er	socialist
stjäla (4 imp stal)	to steal
stockholmare-en–	Stockholmer
suga (4)	to suck
supa (4)	to drink (alcohol)

svälta (4)	to starve	**till salu**	for sale
synd	shame, pity	**tröttsam**	tiring, boring
så	what a . . .! (in	**vars**	whose
	exclamations)	**vilkas**	whose (*pl*)
tidig	early	**vinna** (4)	to win
tiga (4)	to be silent	**vår (vårt, våra)**	our/ours
till	in addition,	**välkänd**	well-known
	more	**över**	over, past

Lesson 6

43 Conjunctions

Conjunctions are words such as 'and', 'or', 'since' or 'while' that are used to link clauses together. Conjunctions do not cause inversion.

Co-ordinating conjunctions link main clauses (clauses which can stand alone as a sentence). Common co-ordinating conjunctions include:

eller	or
för	for
men	but
utan	but
och	and
så	so

Han skrev ett brev och hon skrev en roman. He wrote a letter and she wrote a novel.
De hade mycket pengar, så de köpte en stor bil. They had a lot of money so they bought a big car.

Subordinating conjunctions link subordinate clauses to main clauses. (Subordinate clauses cannot stand alone as sentences.)

Common subordinating conjunctions include:

att	that
då	when, as, since
därför att	because
eftersom	as, since
fast, fastän	although
för att	in order to
förrän	before, until
innan	before
medan	while
när	when

om	if
sedan	after
så att	so that
tills	until
utan	but

Ni sade, att ni skulle komma imorgon.   You said that you would
come tomorrow.
Hon kom inte, eftersom hon var sjuk.   She didn't come as she
was ill.
Vi ska tala svenska, medan vi är i Sverige.   We shall speak
Swedish while we are in Sweden.

Notice the following points about particular conjunctions.

Att may often be omitted (like 'that' in English):
   Jag tror, (att) han kommer imorgon.   I think (that) he's coming
   tomorrow.
Innan is used where the main clause is positive:
   Jag kände henne, innan jag kom till Sverige.   I knew her
   before I came to Sweden.
Förrän is used where the main clause is negative:
   Jag kände henne inte, förrän jag kom till Sverige.   I didn't
   know her before I came to Sweden.
Utan is used only where the first clause is negative *and* the second
clause contradicts it:
   Han är inte gammal utan ung.   He is not old but young.

44 Word order in subordinate clauses

The distinction between main clauses and subordinate clauses is
important for word order in Swedish. Subordinate clauses may be
easily recognised by the fact that they are usually introduced by:

(a) a relative pronoun e.g. **som, vilken** (Section 41):

   Jag känner hans son, som jobbar på banken.   I know his son
   who works at the bank.

(b) a question word e.g. **varför, hur** (Section 13) when used in
   reported speech:

   Han frågade, varför jag älskade hans dotter.   He asked why
   I loved his daughter.

(c) a subordinating conjunction e.g. **att, när** (Section 43):

Vi vet, att svenska är ett lätt språk. We know that Swedish is an easy language.

We have already seen that inversion can take place in main clauses in a number of circumstances (Sections 8, 13, 16). In subordinate clauses, however, inversion never takes place and thus word order is always subject followed by verb:

MAIN	SUBORDINATE
Han talar med en flicka,	**som han träffade i Lund.**
He is talking to a girl	whom he met in Lund.

We have also learned that the normal position of adverbs in main clauses is after the verb or, where there is one, the auxiliary verb (Sections 16, 33). In subordinate clauses, however, a number of very common adverbs must stand in front of the verb or the auxiliary verb:

Main **Deras barn tittar inte på TV.** Their children don't watch TV.

Subordinate **De säger, att deras barn inte tittar på TV.** They say that their children don't watch TV.

Main **Han ska inte läsa tidningen idag.** He is not going to read the paper today.

Subordinate **Han säger, att han inte ska läsa tidningen idag.** He says that he is not going to read the paper today.

Among the adverbs that move in front of the verb in subordinate clauses are:

aldrig	never
alltid	always
bara	only
gärna	willingly
hellre	preferably
helst	most of all
inte	not
kanske	perhaps
möjligen	possibly
ofta	often
redan	already

snart   soon
sällan   seldom

Exercise 42

*Start the following statements with the phrase **Han sade, att** and adjust the word order accordingly:*
1 Han kunde inte förstå svenska.
2 Hon tyckte inte om honom.
3 De skulle gärna gå på bio.
4 Hon var kanske lite för gammal.
5 Biljetterna kostade ofta för mycket.
6 De köpte sällan sprit.
7 Lars ville hellre bo i Malmö.
8 Jag måste kanske studera i Sverige.

45 More about word order

We have seen that inversion must occur in certain circumstances in main clauses and that it never occurs in subordinate clauses. We can now add another situation in which inversion takes place in the main clause. If a subordinate clause comes before a main clause there will be inversion in the main clause:

Innan han läser tidningen, äter han frukost.   Before he reads the paper, he eats breakfast.
Om vi hade pengar, skulle vi äta en dyr middag.   If we had money, we would eat an expensive dinner.
Eftersom hon bantar, ska hon inte äta lunch.   Since she is slimming, she won't eat lunch.

Subject and verb are also inverted after direct speech or a quotation. (Swedish uses a dash rather than inverted commas to mark these.)

– Jag skulle vilja ha soppa, sade hon.   'I'd like to have soup', she said.

This is a good point at which to revise the various points about word order. Refer to Sections 8, 13, 15, 16, 17, 21, 33, 43, 44.

Exercise 43

Start the following sentences with the subordinate clause and adjust the word order accordingly:

1 De äter middag på en restaurang, eftersom de har pengar.
2 Vi bodde i Malmö, innan vi flyttade till Göteborg.
3 Hon träffade honom ofta, när hon gick på bio.
4 Jag vet, att du inte tycker om romaner.
5 Ni ska inte köpa nya kläder, medan ni är i Sverige.
6 Jag förstår inte, varför du jobbar så mycket.
7 Biljetten kostar bara 5 kr., om du åker buss.
8 Vi ska stanna hemma idag, eftersom det regnar.

Exercise 44

Give the Swedish for the following:

1 You must buy those new clothes before the shops close.
2 Berit is twelve years old but very small.
3 She talked too much while she was here.
4 We went to the theatre although the tickets were very expensive.
5 Open the door before you go in (**in**)!
6 I understand that he doesn't want to study Swedish.
7 The two men waited until the bus came.
8 She wants to write the letter before she talks to ('with') you.
9 I would buy a very big car if I had money.
10 Children are never happy (**glad**) when the sun isn't shining.

46 The perfect and pluperfect tenses of weak verbs

These compound past tenses (the English 'I have talked' and 'I had talked' forms) are formed by using the present or imperfect tense of **ha** + the supine. (The Swedish supine is equivalent to what is known as the past participle in most languages.) The supine is invariable. The supine ending, which is added to the stem of the infinitive, depends on the class of the verb:

	1	2	3
	-at	**-t**	**-tt**
Infinitive	**servera**	**beställa**	**avsky**
	to serve	to order	to detest
Supine	**serverat**	**beställt**	**avskytt**

Perfect:
Servitrisen har serverat lunch.   The waitress has served lunch.
Vi har beställt soppan.   We have ordered the soup.
Jan har alltid avskytt soppa.   Jan has always detested soup.

Pluperfect:
Berit hade rekommenderat restaurangen.   Berit had
recommended the restaurant.
Hon hade beställt ett bord för tre.   She had ordered a table for
three.
Vi hade inte trott henne.   We had not believed her.

Notice that the position of the simple adverbs such as **inte** and
aldrig is the same as with the modal auxiliary verbs (21, 33).

47 The supine of strong verbs

We have seen that the strong verbs (Class 4) form their tenses by
changing the vowel in the stem. Their perfect and pluperfect tenses
are formed, as above, with **ha** but they have a vowel change in the
supine as well as adding the unchangeable ending **-it**. We can,
therefore, now complete the pattern of vowel changes given in
Section 39:

	Infinitive	*Present*	*Imperfect*	*Supine*
(a)	**sprida**	**sprider**	**spred**	**spridit**
	spread			
(b)	**sjunka**	**sjunker**	**sjönk**	**sjunkit**
	sink			
	hugga	**hugger**	**högg**	**huggit**
	chop, cut			
(c)	**skryta**	**skryter**	**skröt**	**skrutit**
	boast			
(d)	**brinna**	**brinner**	**brann**	**brunnit**
	burn			

(e) **fara**   **far**   **for**   **farit**
travel

(f) **skära**   **skär**   **skar**   **skurit**
cut

Vårt nya hus har brunnit ner. Our new house has burnt down.
Han var ledsen, därför att hans båt hade sjunkit. He was sad
because his boat had sunk.

When you meet a new strong verb it is best to learn the vowel
changes along with the meaning.

48 More about past tenses

There are many common irregular verbs, modal verbs, and strong
verbs with less frequent vowel change patterns than those listed
above. Make sure that you learn the parts of all those we have met
so far:

Infinitive		*Present*	*Imperfect*	*Supine*
bli	become	**blir**	**blev**	**blivit**
få	get	**får**	**fick**	**fått**
förstå	understand	**förstår**	**förstod**	**förstått**
gå	go	**går**	**gick**	**gått**
göra	do	**gör**	**gjorde**	**gjort**
ha	have	**har**	**hade**	**haft**
heta	be called	**heter**	**hette**	**hetat**
komma	come	**kommer**	**kom**	**kommit**
kunna	be able	**kan**	**kunde**	**kunnat**
lägga	lay, put	**lägger**	**lade**	**lagt**
–	must	**måste**	**måste**	**måst**
säga	say	**säger**	**sade (sa)**	**sagt**
sätta	set	**sätter**	**satte**	**satt**
se	see	**ser**	**såg**	**sett**
skola	will, shall	**ska**	**skulle**	**skolat**
ta	take	**tar**	**tog**	**tagit**
vara	be	**är**	**var**	**varit**
veta	know	**vet**	**visste**	**vetat**
vilja	want	**vill**	**ville**	**velat**
äta	eat	**äter**	**åt**	**ätit**

Exercise 45

Change the following sentences from present to perfect tense:
1 Jonas ser flickan i affären.
2 Han skryter om den nya bilen.
3 Jag förstår inte vad han säger.
4 Hon arbetar på en bank i staden.
5 De köper varma kläder till vintern.

Exercise 46

Change the following sentences from imperfect to pluperfect:
1 Eva parkerade bilen på en bred gata.
2 Hon visste inte att Johan var hemma.
3 De bodde i en liten lägenhet i Göteborg.
4 Man började servera lunch kl.12.
5 Han lade böckerna på bordet och gick ut.

Exercise 47

Give the Swedish for:
1 Niklas has written many books.
2 Have you spoken to ('with') my daughter?
3 How had she come to Stockholm? She had travelled by train.
4 It was he who had done it.
5 She had seen many beautiful towns when she was young.

CONVERSATION

På restaurangen
At the restaurant

Anders	**Goddag. Jag skulle vilja ha ett bord för två. Min fru kommer nog om ett par minuter. Skulle vi kunna få ett bord på terrassen?** Hello. I should like a table for two. My wife will probably be here in a couple of minutes. Would it be possible to get a table on the terrace?

Servitrisen	**Javisst, det går säkert bra. Men vi har inte börjat servera lunch än.** Yes, of course, that will certainly be all right. But we haven't started to serve lunch yet.
Anders	**Hurdags börjar ni servera då? Vi har lite bråttom.** At what time do you start serving then? We are in a bit of a hurry.
Servitrisen	**Vi börjar kvart i tolv.** We start at a quarter to twelve.
Anders	**Det är inte så farligt. Då kan vi väl vänta. Det är inte långt till stationen, eller hur?** That's not so bad. We can easily wait, then. It's not far to the station, is it?
Servitrisen	**Nej, det är det inte. Stationen ligger precis om hörnet . . . Varsågod, den här vägen. Här har ni ett trevligt bord.** No, it isn't. The station is just around the corner . . . This way, please. Here is a nice table for you.
Anders	**Kan jag få se matsedeln, tack.** Can I see the menu, please?
Servitrisen	**Varsågod. Vad får det vara att dricka?** Here you are. What would you like to drink?
Anders	**Jag tar ett glas lättöl, tack. Var ligger toaletten, förresten?** I'll have a glass of light beer, please. Where is the toilet, by the way?
Servitrisen	**Den ligger därborta.** It's over there.

49 Grammar and idioms in the conversation

(a) **Det går säkert bra** 'that will certainly be all right'. The verb **gå** has a number of idiomatic uses of this sort:
Går det bra att sitta här? Is it all right to sit here?

(b) Idiomatic English uses frequent tag questions that are often repetitions based on part of the verb. Most such situations in Swedish are covered by using **eller hur**:
Han har två bilar, eller hur? He has two cars, hasn't he?
Hon studerar engelska, eller hur? She is studying English, isn't she?

(c) To describe where something is, Swedish much prefers **ligga** 'to lie, be situated' where English usually uses the verb 'to be':
Stockholm ligger i Sverige.   Stockholm is in Sweden.
Evas böcker ligger på bordet.   Eva's books are on the table.

Vocabulary to Lesson 6

banta (1)	to slim	nog	probably, I
beställa (2)	to order		imagine
bråttom (ha	to be in a hurry	om	if
bråttom)		om	round, about, in
då	when, as, since		(. . . time)
därborta	over there	pengar (*pl*)	money
eftersom	as, since	precis	precisely, just
eller hur	is it, isn't it etc.	rekommendera	to recommend
farlig	dangerous, bad,	(1)	
	serious	sedan	after
fast, fastän	although	servera (1)	to serve
fru-n-ar	wife	servitris-en-er	waitress
frukost-en-ar	breakfast	sjunka (4)	to sink
fråga (1)	to ask	skryta (4)	to boast
för	for, because	son-en, söner	son
förrän	before, until	soppa-n-or	soup
glas-et–	glass	språk-et–	language
gärna	willingly	sprida (4)	to spread
hellre	preferably	så att	so that
helst	most of all	säkert	certainly
hugga (4)	to chop, cut	sällan	seldom
hörn-et–	corner	sätta (4 sätter,	to set, put
innan	before	satte, satt)	
javisst	yes, of course	terrass-en-er	terrace
kanske	perhaps	tills	until
ledsen	sad	toalett-en-er	toilet
ligga (4 låg,	to lie, be situated	trevlig	pleasant, nice
legat)		träffa (1)	to meet
lunch-en-er	lunch	ut	out
lång	far, long	utan	but
lägga (4 lägger,	to lay, put	veta (*irreg* vet,	to know (facts)
lade, lagt)		visste, vetat)	
lättöl-et–	light (low	väg-en-ar	way, road
	alcohol) beer	väl	surely, I suppose
matsedel-n,	menu	än	yet
sedlar		äta (4, äter, åt,	to eat
medan	while	ätit)	
middag-en-ar	dinner		

Lesson 7

50 The present participle

The present participle in English is the '-ing' form of the verb as in 'running', 'loving', 'talking'. Its Swedish equivalent is very simple to form:

(a) Verbs with an infinitive ending in **-a** simply add **-nde: leka** 'to play', **lekande** 'playing'; **brinna** 'to burn', **brinnande** 'burning'.
(b) Verbs with an infinitive without **-a** add **-ende: slå** 'to strike', **slående** 'striking'; **stå** 'to stand', **stående** 'standing'.

The present participle in Swedish is most frequently used as an adjective:

Det gråtande barnet sprang hem. The weeping child ran home.
Vi såg en fängslande film. We saw a fascinating film.

When used as an adjective, the present participle never changes its form.

The present participle may also be used as an adverb:

Hon är en påfallande intelligent flicka. She is a remarkably intelligent girl.

The adverb never changes its form.

The present participle may sometimes be used as a noun:

En studerande behöver läsa många böcker. A student needs to read many books.
Hon har ett mycket vackert leende. She has a very pretty smile.

Such nouns are **En**-nouns when they refer to people (plural –) and **Ett**-nouns when they refer to things or abstracts (with a plural **-n**).

A number of common verbs have slightly irregular present participles which are based on a now outdated form of the infinitive:

be	to pray, ask	**bedjande**	praying
bli	to become	**blivande**	becoming
dra	to pull	**dragande**	pulling
ge	to give	**givande**	giving
ta	to take	**tagande**	taking

51 English '-ing' forms

The present participle in Swedish is used in many fewer situations than English '-ing' forms and is rarely used except as described above. (Remember that Swedish has no equivalent to the English continuous tenses.) The following guidelines will help you to select the correct Swedish construction where English has an '-ing'.

(a) Where the '-ing' form is used as a verb in a two-verb construction, Swedish will use two full verbs:

He sat reading the newspaper.   **Han satt och läste tidningen.**
They stood waiting for the bus.   **De stod och väntade på bussen.**

Exceptions to this only usually occur with the verbs **komma, gå** and **bli**:

She came running but he remained sitting.   **Hon kom springande men han blev sittande.**

(b) Where the '-ing' form represents an abbreviated clause in English, Swedish will have a full clause:

I saw two boys (who were) playing in the garden.   **Jag såg två pojkar som lekte i trädgården.**

(c) Where the '-ing' form is a used as noun, Swedish will use **att** + infinitive:

Travelling in Sweden is very expensive.   **Att resa i Sverige är mycket dyrt.**
He loves ski-ing.   **Han älskar att åka skidor.**

It is quite normal to have a preposition before the **att** + infinitive:

They looked at each other without saying anything.   **De tittade på varandra utan att säga någonting.**

A following adjective that refers to such an **att** + infinitive construction takes the **ett**-form:

Att ljuga är dumt.   Lying is stupid.

Vocabulary

lyssna på (1)	to listen to
möbel-n, möbler	(piece of) furniture
spännande	exciting
motion-en	exercise
överraska (1)	to surprise
om	about
konst-en-er	art
i stället för	instead of
ringa till (2)	to telephone, ring
intresserad av	interested in
liv-et–	life
ordförande-n–	chairman
någonsin	ever
soldat-en-er	soldier
marschera (1)	to march
in i	into
brottslig	criminal
avskaffa (1)	to abolish
nuvarande	present
träd-et–	tree
sluta (1)	to stop

Exercise 48

Give the Swedish for the following:
1 She sat in the chair listening to the news.
2 They like buying old furniture.
3 Anders was reading an exciting new novel.
4 Ski-ing is very good exercise.
5 He knows surprisingly much about art.
6 We wrote a letter instead of ringing them.
7 She was very interested in hearing about my life.
8 The new chairman is very boring.

9   He never stops talking.
10 Have you ever heard a dog singing?
11 The soldiers came marching into the town.
12 Going by train without paying is criminal.
13 We must abolish the present system.
14 I can see many birds sitting in the tree.
15 She says that she doesn't like driving.

52 'Sin', 'sitt', 'sina'

Possessive adjectives and pronouns have already been discussed in
Section 36. Swedish, however, also has special reflexive forms
which are used for 'his', 'her', 'its' and 'their' in particular
circumstances. In effect, they mean 'his own', 'her own', 'its own'
and 'their own' and thus avoid the ambiguity in an English
statement such as 'He kissed his wife'. (Whose wife?) Study the
following examples:

Hon kysste sin man.   She kissed her (own) husband.
Hon kysste hennes man!   She kissed her (someone else's)
husband.
De tycker inte om deras barn.   They don't like their (someone
else's) children.
De tycker inte om sina barn.   They don't like their (own)
children.
Han skickade ett brev till hans hem.   He sent a letter to his
(someone else's) home.
Han skickade ett brev till sitt hem.   He sent a letter to his (own)
home.

Sin (sitt, sina), like the reflexive pronoun **sig** (Section 31), refers
back to the subject of the clause. It follows then that it never goes
with the subject of the clause; 'his/her/its/their' with the subject of
a clause will always be either **hans, hennes, dess** or **deras.**

Hans fru är otroligt snobbig.   His wife is unbelievably snobbish.
Fru Lindgren och hennes man längtar till Italien.   Mrs Lindgren
and her husband long to go to Italy.
Eva tycker, att hennes man är tråkig.   Eva thinks that her
husband is boring.

The form of **sin** depends on the number and gender of the noun it goes with:

Han gick hem till sin fru, sitt hus och sina barn. He went home to his wife, his house and his children.

Vocabulary

lekkamrat-en-er	playmate
far, fadern, fäder	father
utsliten	worn out
födelsedag-en-ar	birthday
jaså	I see, oh really?
familj-en-er	family
ganska	quite, rather
rik	rich
åt	for (e.g. **köpa åt**)
så här	like this
snål	mean, miserly
resa (2)	to travel
kostym-en-er	lounge suit
sälja (4 **säljer, sålde, sålt**)	to sell
vän-nen-ner	friend
göra av med	to spend
släkting-en-ar	relation
lektion-en-er	lesson
komma ihåg (4 **kommer, kom, kommit**)	to remember
telefonnummer -numret–	telephone number
vecka-n-or	week

Exercise 49

Fill in the gaps with the correct words: **sin** (**sitt, sina**) *or* **hans, hennes, dess, deras.**

Eva och (1) . . . lekkamrat Johan vill köpa nya cyklar. De tycker, att (2) . . . cyklar är för gamla. Johan talar med (3) . . . far och säger:
– Evas far säger, att (4) . . . cykel är för liten och utsliten. Nu ska Eva få en ny cykel till (5) . . . födelsedag.

– Jaså, säger Johans far, men (6) . . . familj är ganska rik. (7) . . .
hus är stort och (8) . . . bilar är nya. Evas far har råd att köpa en ny
cykel åt (9) . . . dotter. Så rik är inte jag. Men vi kan göra så här:
när Eva har fått (10) . . . nya cykel, så ska jag köpa (11) . . . gamla
cykel åt dig.
Johan tycker, att (12) . . . far är snål.

Exercise 50

Give the Swedish for:
1 She and her husband travelled to Kiruna a couple of days ago.
2 He and his wife talked about their children.
3 The girl has forgotten her books.
4 He thinks that his suit is too old.
5 He has sold his boat to his friend.
6 His wife likes to spend money.
7 They boast about their rich relations.
8 She detests her teacher because his lessons are boring.
9 They can't remember her telephone number.
10 She writes to her daughter every week.

CONVERSATION

På biblioteket
At the library

Bo	**Hejsan, Kristina! Jag hoppas att jag inte stör. Vad håller du på med? Du ser lite deppad ut.** Hi there, Kristina! I hope I'm not disturbing (you). What are you working on? You look a bit depressed.
Kristina	**Deppad, säger du! Jag är så arg. Skolan har just börjat efter sommarlovet och vi har en ny lärare. Han tycker att hans lektioner är jättebra men de är urdåliga. Och nu måste vi skriva en uppsats om sommarlovet till imorgon! Och så är det ju torsdag idag och på torsdagarna brukar jag gå på diskotek med Åke!** Depressed, you say! I am so angry. School has just started after the summer break and we have a new teacher. He thinks that his lessons are really good but they are awful. And now we have to write an essay for tomorrow about the summer break! It is, after all,

Thursday today and on Thursdays I usually go to the
disco with Åke!

Bo **Vem är Åke?** Who is Åke?

Kristina **Det är min pojkvän. Åke Holm. Är han inte en
släkting till dig, förresten?** He is my boyfriend. Åke
Holm. Isn't he some sort of relation of yours, by the
way?

Bo **Jo, det är han, tyvärr. Jag ser honom inte så ofta. Är
han inte lite för . . .** Yes, he is, unfortunately. I don't
see him that often. Isn't he a little too . . .

Kristina **Gammal! Du låter precis som pappa! Jag är ju sexton
år. Man kan inte sitta inne och plugga hela tiden!**
Old! You sound just like Dad! I am sixteen, after all.
You can't sit indoors and swot the whole time!

Bo **Förlåt, förlåt. Nu måste jag se om jag kan hitta några
böcker och kassetter.** Sorry, sorry. Now I must see if
I can find some books and cassettes.

53 Grammar and idioms in the conversation

(a) **Jag hoppas** 'I hope'. This **-s** ending of a verb will be dealt with
in Lesson 11.

(b) The verb **hålla** (literally 'to hold, keep') has many useful
idiomatic uses. A few of them are as follows:

Hålla på med + noun or pronoun means 'to be busy with', 'to
be working on':

Vad håller du på med nu? What are you working on now?
Jag håller på med en uppsats. I'm working on an essay.

Hålla på att + infinitive means 'to be in the process of'. This
construction is often used to make up for the lack of an
English-type continuous tense:

Hon håller på att läsa boken. She is (in the process of)
reading the book.

Hålla med (någon) om (något) means 'to agree with (someone)
about (something)':

Vi håller med dig om det. We agree with you about that.

(c) In the verb phrase **se . . . ut** ('to look, appear') the adjectives that describe how someone or something looks are placed between **se** and **ut**:

Han ser frisk och lycklig ut.   He looks healthy and happy.

(d) Like **jätte-**, which we have already met, the prefix **ur-** is very commonly attached to adjectives to strengthen them in slangy Swedish: **jättestor** 'really big', 'gigantic'; **urdum** 'utterly stupid'.

(e) **Bruka** + infinitive means 'to be in the habit of . . .' and is commonly used where English would have 'usually' or, in the imperfect tense, 'used to':

De brukade läsa böcker på kvällen men nu tittar de på TV. They used to read books in the evening but now they watch TV.

(f) **Ju** is one of a number of small adverbs which are used very commonly in Swedish but are impossible to provide a simple English equivalent for. Study the following examples:

Du har ju aldrig träffat honom.   You've never met him, of course.
Han har ju studerat svenska.   He has, after all, studied Swedish.
Jag var ju yngre då.   I was, of course, younger then.

(g) **Det är min pojkvän.** Do you remember this construction from Section 25b?

(h) Swedish uses the preposition **till** and the personal pronoun where English uses 'of' and the possessive pronoun in phrases such as:

en släkting till dig   a relation of yours
en vän till honom   a friend of his

(i) Notice the difference between Swedish and English in the matter of '. . . years old':

Hon är sexton år (gammal).   She is sixteen (years old).

54 The future tense

There are a number of ways of expressing future action in Swedish depending on the degree of 'intention' that is involved:

(a) Use the present tense usually together with an expression of future time (see Section 10):

Vi reser till England imorgon.   We are travelling to England tomorrow.

This is probably the most common form, especially to express unstressed future events.

(b) **komma att** + infinitive:

Jag kommer att bli lycklig men aldrig rik.   I shall be happy but never rich.

Komma att is making a forecast but one that has little to do with will or intention. It is thus particularly common when the subject is an impersonal one:

Det kommer att snöa imorgon.   It's going to snow tomorrow.

(c) **tänka** + infinitive:

Jag tänker köpa en ny bil imorgon.   I'm intending to buy a new car tomorrow.

(d) **ska** + infinitive (see Section 21):

Jag ska gå på bio imorgon.   I shall go to the cinema tomorrow.

This usually expresses a considerable degree of intention and English speakers (influenced by English 'shall/will') tend to over-use it. Notice, though, impersonal constructions of the type:

Det ska bli skönt att se henne.   It'll be nice to see her.
Det ska bli fest imorgon.   There's to be a party tomorrow.

55 The conditional

The conditional is formed by using **skulle** + infinitive. (**Skulle** is the imperfect of **skola**.) The conditional is, of course, most frequently used with 'if' clauses:

Om jag var rik, skulle jag resa till Paris.   If I was rich, I would travel to Paris.

Very occasionally the older subjunctive form **vore** 'were' will be met:

Om jag vore mycket rik, skulle jag resa till Bali.   If I were very rich, I should travel to Bali.

Skulle may also be used to express politeness or uncertainty:

Jag skulle vilja ha en kopp kaffe.   I should like a cup of coffee.
Jag skulle inte tro honom.   I shouldn't believe him.

Exercise 51

Give the Swedish for:
1 He would be happy if he had a son.
2 We're intending to sell our boat.
3 I shall swot tomorrow.
4 It's going to rain soon.
5 The boys are going to England tomorrow.

Vocabulary to Lesson 7

arg	angry	**födelsedag-en-ar**	birthday
avskaffa (1)	to abolish	**förlåt**	sorry, excuse me
be (4 ber, bad, bett)	to pray, ask	**ganska**	quite, rather
behöva (2)	to need	**ge (4 ger, gav, givit)**	to give
brottslig	criminal	**gråta (gråter, grät, gråtit)**	to weep, cry
bruka (1)	to be in the habit of	**göra av med**	to spend
deppad	depressed	**hejsan**	hi there!
diskotek-et–	discotheque	**hitta** (1)	to find
efter	after	**hoppas** (1)	to hope
England	England	**hålla (4, håller, höll, hållit)**	to hold, keep
familj-en-er	family	**hålla med**	to agree with
far, fadern, fäder	father	**hålla på att**	to be in the process of
fest-en-er	party	**hålla på med**	to be working on
frisk	healthy, fresh	**i stället för**	instead of
fru	Mrs	**in i**	into
fängslande	fascinating		

inne	inside, indoors	**ringa till** (2)	to telephone, ring
intelligent	intelligent		
intresserad av	interested in	**se . . . ut** (4 ser, såg, sett)	to look, appear
Italien	Italy		
jaså	I see, oh really?	**sin** (sitt, sina)	his/her/its/their (own)
ju	after all, of course		
kassett-en-er	cassette	**skicka** (1)	to send
komma ihåg (4 kommer, kom, kommit)	to remember	**sluta** (1)	to stop
		slå (4 slår, slog, slagit)	to hit, strike
konst-en-er	art	**släkting-en-ar**	relation
kostym-en-er	lounge suit	**snobbig**	snobbish
kyssa (2)	to kiss	**snål**	mean, miserly
le (4 ler, log, lett)	to smile	**soldat-en-er**	soldier
		som	like
leende-t-n	smile	**sommarlov-et–**	summer holidays
lekkamrat-en-er	playmate	**spännande**	exciting
lektion-en-er	lesson	**stå** (4 står, stod, stått)	to stand
liv-et–	life		
lycklig	happy, lucky	**störa** (2)	to disturb
lyssna på (1)	to listen to	**så här**	like this
låta (4 låter, lät, låtit)	to sound	**sälja** (4 säljer, sålde, sålt)	to sell
		telefonnummer, -numret,–	telephone number
längta till (1)	to long to go to		
man-nen, män	husband	**tid-en-er**	time
marschera (1)	to march	**torsdag-en-ar**	Thursday
motion-en	exercise	**träd-et–**	tree
möbel-n, möbler	(piece of) furniture	**trädgård-en-ar**	garden
		tycka (2)	to think
nuvarande	present	**tyvärr**	unfortunately
någonsin	ever	**tänka** (2)	to intend
någonting	something	**uppsats-en-er**	essay
om	about	**urdålig**	really bad
ordförande-n–	chairman	**utan**	without
otrolig	unbelievable	**utsliten**	worn out
pappa-n-or	dad	**varandra**	each other
plugga (1)	to swot	**vecka-n-or**	week
pojkvän-nen-ner	boyfriend	**vore**	'were'
precis	exactly	**vän-nen-ner**	friend
påfallande	remarkably	**yngre**	younger
resa (2)	to travel	**åt**	for (e.g. **köpa åt**)
rik	rich	**överraska** (1)	to surprise

Lesson 8

56 Ordinal numbers

The ordinal numbers do not change for gender.

första	first
andra	second
tredje	third
fjärde	fourth
femte	fifth
sjätte	sixth
sjunde	seventh
åttonde	eighth
nionde	ninth
tionde	tenth
elfte	eleventh
tolfte	twelfth
trettonde	thirteenth
fjortonde	fourteenth
femtonde	fifteenth
sextonde	sixteenth
sjuttonde	seventeenth
artonde	eighteenth
nittonde	nineteenth
tjugonde	twentieth
tjugoförsta (etc.)	twenty-first (etc.)
trettionde	thirtieth
trettioförsta (etc.)	thirty-first (etc.)
fyrtionde	fortieth
femtionde	fiftieth
sextionde	sixtieth
sjuttionde	seventieth
åttionde	eightieth
nittionde	ninetieth
hundrade	hundredth
tusende	thousandth
miljonte	millionth

57 Days

In Swedish the days of the week are not spelt with a capital letter. Nor are months and festivals, as you will see.

måndag	Monday
tisdag	Tuesday
onsdag	Wednesday
torsdag	Thursday
fredag	Friday
lördag	Saturday
söndag	Sunday
i söndags (etc.)	last Sunday (etc.)
på söndagarna (etc.)	on Sundays (etc.)
på söndag (etc.)	next Sunday (etc.)
idag	today
igår	yesterday
i förrgår	the day before yesterday
imorgon	tomorrow
i övermorgon	the day after tomorrow

58 Parts of the day

morgon-en, morgnar	morning
förmiddag-en-ar	forenoon, morning
eftermiddag-en-ar	afternoon
kväll-en-ar	evening
natt-en, nätter	night

Past time is expressed as follows:

i morse	this morning (past)
i eftermiddags	this afternoon (past)
igår kväll	yesterday evening
i natt	last night

Habitual or general time is expressed as follows:

på morgonen (etc.)	in the morning (etc.)

The plural is also commonly used for habitual time:

på kvällarna (etc.)	in the evenings (etc.)

Present time is expressed by:

nu på morgonen	this morning
nu på eftermiddagen	this afternoon
i kväll	this evening
i natt	tonight

Future time is expressed by:

i eftermiddag	this afternoon (later)
i kväll	this evening (later)
i natt	tonight (later)
imorgon bitti	tomorrow morning

Parts of the day more distant from the present than these are dealt with quite simply by a combination of day and part of day as follows:

i måndags kväll	last Monday evening
på lördag kväll	next Saturday evening

59 Weeks, months and years

januari	January
februari	February
mars	March
april	April
maj	May
juni	June
juli	July
augusti	August
september	September
oktober	October
november	November
december	December

With the months, the preposition **i** expresses all possibilities of past, habitual, present and future time: **i januari** can thus mean 'last January', 'generally in January', 'this January' or 'next January'. The context, especially the tense of the verb, will demonstrate which is intended. (This might seem awkward but the English 'in January' can be used in exactly the same way.)

i fjol	last year
förra året	last year
i år	this year
nästa år	next year
vecka-n-or	week
förra veckan	last week
denna vecka/den här veckan	this week
nästa vecka	next week

Notice that the alternative to **den här** – **denna** (or **detta** for **Ett**-nouns) 'this', **dessa** 'these' does not take an end-article.

60 Seasons and festivals

vår-en-ar	spring
sommar-en, somrar	summer
höst-en-ar	autumn
vinter-n, vintrar	winter
jul-en-ar	Christmas
påsk-en-ar	Easter
pingst-en-ar	Whitsun

Present time with the seasons and festivals is expressed by using the preposition **i**:

i vår (etc.)	this spring (etc.)

Habitual or general time is expressed with the preposition **på** as follows:

på hösten (etc.)	in the autumn (etc.)

The plural is also commonly used with habitual time:

på höstarna (etc.)	in autumn (etc.)

Future time is expressed by using either the preposition **i** or **nästa** 'next':

i vår (etc.)	next spring (etc.)
nästa vår (etc.)	next spring (etc.)

Past time is expressed by using the preposition **i** and the suffix **-as**:

i julas (etc.)	last Christmas (etc.)

(Notice the slight spelling change in **i somras** and **i vintras**.) Past time may also be expressed with **förra** together with the end article:

förra julen (etc.) last Christmas (etc.)

61 Dates

The ordinal numbers (usually written as figures but pronounced as ordinals) preceded by **den** are used for the day of the month in dates:

den 6 (sjätte) juli the sixth of July

If the name of the day is also mentioned it will take the end-article:

måndagen den 6 juli Monday, the sixth of July

The year is written as a numeral and spoken according to the following pattern:

1966 **nittonhundrasextiosex**
1857 **artonhundrafemtiosju**

Notice that, unlike English, Swedish does not miss out the word 'hundred'.

The useful suffix **-talet** is used to express decades or centuries:

1990-talet (nittonhundranittiotalet) the 1990s
80-talet (åttiotalet) the 80s
1900-talet (nittonhundratalet) the 20th century
1800-talet (artonhundratalet) the 19th century

Make sure that you are familiar with the last two examples in particular: Swedish always uses the pattern 'the nineteen hundreds', 'the eighteen hundreds' to describe centuries.

Exercise 52

Write out fully in Swedish words the following ordinal numbers and dates:

1 64th   7 the 30s
2 27th   8 Friday, 22nd July
3 3.5.1989   9 132nd

4	11th	10	Thursday, the 12th
5	the 16th century	11	1743
6	1827	12	the 1870s

62 Prepositions of time

In addition to the various prepositional expressions of time given above, study and learn the following uses:

efter after
Han kom efter klockan 8.   He came after 8 o'clock.

från from
Boken är från 1800-talet.   The book is from the 19th century.

före before
Jag ska ringa före klockan 10.   I'll ring before 10 o'clock.

i for, per
This preposition has a number of uses but in expressions of time it does not correspond to English 'in'. Its most common use is to cover English 'for', i.e. duration of time:

Hon hade bott där i fem år.   She had lived there for five years.

In this sense, it is often omitted:

Hon hade bott där fem år.

In the following situations where English does not normally have a preposition (though we might sometimes use 'per') **i** is used in Swedish:

en gång i sekunden	once a second
två gånger i månaden	twice a month
150 kilometer i timmen	150 kilometres an hour

There are two exceptions to the 'once/twice a' construction with **i**:

en gång om dagen	once a day
en gång om året	once a year

om in (. . . time)
Where English 'in' can be more fully stated as 'in . . . time', i.e. meaning 'at the end of a stated duration of time':

Han åker hem om en vecka.   He's going home in a week('s time).
De kommer om en timme.   They are coming in an hour('s time).

på for, in
På is equivalent to English 'for' in negative clauses:

Vi har inte sett dem på femton år.   We haven't seen them for fifteen years.

På is equivalent to English 'in' in expressions like:
Han läste hela boken på en timme.   He read the whole book in an hour.
Vi kan komma dit på några timmar.   We can get there in a couple of hours.

På is equivalent to English 'in' with the **-talet** expressions mentioned in Section 61:

på sjuttonhundratalet   in the 18th century

till to, until, for
Till is equivalent to English 'to/until' in expressions such as:

Från den andra till den sjätte september.   From the second to the sixth of September.

Till is equivalent to English 'for' in expressions such as:

Han ska vara hemma till jul.   He'll be at home for Christmas.
Jag har köpt biljetter till i kväll.   I've bought tickets for tonight.

under during

Han var i Norge under kriget.   He was in Norway during the war.

vid at

Hon blev statsminister vid 50 års ålder.   She became prime minister at 50 years of age.

Remember that Swedish has no equivalent to 'at' with clock time:

Vi ska äta middag klockan 6.   We shall have dinner at 6 o'clock.

Nor does Swedish have a preposition before specific dates of days or years:

De kom till Sverige den 3 september. They came to Sweden on the 3rd of September.
Hon studerade i England 1957. She studied in England in 1957.

Vocabulary

kär	dear
Kära ...!	Dear ...!
Skottland	Scotland
förfärlig	dreadful
språkkurs-en-er	language course
givande	worthwhile, rewarding
vandra (1)	to hike, wander
fjäll-et–	mountain
följa med (2)	to go along, accompany
kompis-en-ar	friend, mate
kram-en-ar	hug

Exercise 53

Give the Swedish for the phrases in italics in the following letter:

Edinburgh (1) *23rd July 1992*

Kära mamma och pappa!

Nu har jag varit i Skottland (2) *for three weeks* och allt går bra.
Men vädret är förfärligt – det är faktiskt ganska kallt här (3) *in the summer*. Språkkursen i Edinburgh är mycket givande men den slutar (4) *next week*.

(5) *Last Sunday* hälsade jag på Era vänner Karin och Karl Lundgren. Lundgrens flyttade hit (6) *fifteen years ago* och de säger att de inte har varit i Sverige (7) *for four years*. De vandrar ofta i fjällen och jag tänker följa med (8) *next Saturday*.

Nu måste jag skynda mig. Jag ska träffa några kompisar (9) *before 6 o'clock* och vi ska gå på bio – jag har varit på bio (10) *twice a week* sedan jag kom hit.

Jag åker hem (11) *in two weeks' time*.

Stor kram
Eva.

63 Letter writing

Notice the sender's address. The full address is given on the reverse of the envelope and just the town and date at the top of the letter.

Kära . . .! 'Dear . . .' is used for friends and relations and the name is followed by an exclamation mark: **Kära Eva! Kära Jan! Kära Eva och Jan!** You will still meet the form **Käre!** applied to a man in the singular: **Käre Jan!**

Very informal letters may start with **Hej!** with or without the name: **Hej Eva!**

There is no equivalent to a formal 'Dear Sir . . .'. Business or formal letters go straight into the text without any introduction.

Era vänner . . . Du, Dig, Din/Ditt/Dina, Ni, Er, Er/Ert/Era are often given capitals in letters.

At the close of letters **Kram** is the equivalent of 'Love'. **Hälsningar** or **Hjärtliga hälsningar** ('Greetings' or 'Sincere greetings') are also usual in informal letters. Business and formal letters end with **Med vänlig hälsning** ('With a friendly greeting').

Notice the use of **Lundgrens** ('the Lundgrens' or 'the Lundgren family'). There is no definite article:

Jag bor hos Lundgrens.   I am living with the Lundgrens.

CONVERSATION

Hos polisen
At the police (station)

Polisen	**Vad heter ni?**	What are you called?
Ingrid	**Ingrid Karlsson.**	
Polisen	**När är ni född?**	When were you born?
Ingrid	**Den 22 mars 1967.**	22nd of March 1967.
Polisen	**När kom ni hit?**	When did you come here?
Ingrid	**I höstas.**	Last autumn.

108

Polisen **Var bodde ni förut?** Where did you live before?
Ingrid **I Göteborg. Jag bodde där i sju år.** In Gothenburg. I lived there for seven years.
Polisen **Var var ni den andra juni?** Where were you on the 2nd of June?
Ingrid **Vilken veckodag var det?** Which day of the week was that?
Polisen **Det var lördagen den andra juni. I lördags.** It was Saturday the 2nd of June. Last Saturday.
Ingrid **Hur dags?** At what time?
Polisen **Hela dagen.** The whole day.
Ingrid **Jag var hemma på morgonen . . .** I was at home in the morning . . .
Polisen **Och på eftermiddagen?** And in the afternoon?
Ingrid **Då var jag också hemma.** I was also at home then.
Polisen **Var ni hemma på kvällen också?** Were you also at home in the evening?
Ingrid **Nej. Jag var ute och dansade med Kalle.** No. I was out dancing with Kalle.
Polisen **Vem är Kalle?** Who is Kalle?
Ingrid **Det är min pojkvän. Vi ska gifta oss nästa år.** He is my boyfriend. We are getting married next year.
Polisen **Jaså. Hur ofta träffar ni Kalle?** I see. How often do you meet Kalle?
Ingrid **Två gånger i veckan. På onsdagar och på lördagar.** Twice a week. On Wednesdays and on Saturdays.
Polisen **När träffade ni Kalle senast?** When did you last meet Kalle?
Ingrid **I förrgår. Onsdagen den sjätte juni.** Yesterday. Wednesday, the sixth of June.

64 Grammar and idioms in the conversation

(a) **Hos** is equivalent to 'chez' in French or 'bei' in German and is usually translated into English as 'at . . .'s house/place' or 'with':

Vi var hos Eva igår. We were at Eva's place yesterday.
Hon var hos tandläkaren igår. She was at the dentist's yesterday.

Other examples of its use are as follows:
Felet ligger hos honom.   The fault lies with him.
Man kan läsa om detta hos Shakespeare.   You can read about this in Shakespeare.

(b) Notice the construction with **född** 'born':

Jag är född 1942.   I was born in 1942.
Napoleon föddes 1769.   Napoleon was born in 1769.

If the person referred to is alive, use the present tense; if the person is dead, use the imperfect (the **s**-ending will be dealt with in Lesson 11).

(c) Many Swedish adverbs of place have different forms depending on whether they express location, motion towards or motion away from. The same distinction is still sometimes found in English e.g. 'here', 'hither', 'hence'.

Location	Motion to	Motion from
här here	**hit** hither	**härifrån** hence
där there	**dit** thither	**därifrån** thence
hemma at home	**hem** (to) home	**hemifrån** from home

(d) When used in the definite form, **hel** 'whole' does not take a double definite article but the end article must still be suffixed. Other adjectives that behave in the same way are **halva** 'half', **förra** 'last', **båda** 'both':

Jag var där hela dagen.   I was there the whole day.
Han har läst halva boken.   He has read half the book.
Båda flickorna kan simma.   Both the girls can swim.

Exercise 54

Give the Swedish for:
1 I shall be in Sweden from the tenth to the fifteenth of October.
2 He drank coffee eight times a day.
3 Ingrid hasn't lived in Gothenburg for two years.
4 Göran worked as (**som**) a journalist for ten months.
5 They were sad that they had to go home in a week.
6 The soldiers marched there in four hours.
7 Eva and Jan will get married next week.
8 We spent too much money last Christmas.
9 He sold his car last Tuesday evening.

110

10 Tuesday, January 4th was a big day in his life.
11 Karin was born in 1983.
12 Tage Erlander was prime minister in the 1960s.
13 We can read this newspaper in five minutes.
14 They want to buy tickets for tomorrow evening.
15 Kristina likes to sit in the garden in the morning.

Vocabulary to Lesson 8

andra	second
april	April
artonde	eighteenth
augusti	August
båda	both
dansa (1)	to dance
december	December
denna (detta, dessa)	this, these
dit	there (motion to)
därifrån	from there
elfte	eleventh
februari	February
fel-et–	mistake, fault
femte	fifth
femtionde	fiftieth
femtonde	fifteenth
fjortonde	fourteenth
fjäll-et–	mountain
fjärde	fourth
fyrtionde	fortieth
född	born
följa med (2)	to go along, accompany
före	before (prep)
förfärlig	dreadful
förra	last
första	first
förut	before (adv)
givande	worthwhile, rewarding
hemifrån	from home
hit	here
hjärtlig	sincere
hos	at, with, at the house of
hundrade	hundredth
hälsning-en-ar	greeting
härifrån	from here

i	for, per (prep time)
i eftermiddag	this afternoon (later)
i eftermiddags	this afternoon (past)
i fjol	last year
i förrgår	the day before yesterday
igår kväll	yesterday evening
imorgon bitti	tomorrow morning
i natt	last night, tonight
i år	this year
i övermorgon	the day after tomorrow
juli	July
kilometer-n–	kilometre
kompis-en-ar	friend, mate (slangy)
kram-en-ar	hug
krig-et–	war
kär	dear
Kära	Dear
lördag	Saturday
maj	May
mars	March
miljonte	millionth
natt-en, nätter	night
nionde	ninth
nittionde	ninetieth
nittonde	nineteenth
Norge	Norway
november	November
några	a couple of, a few
nästa	next

oktober	October	**timme-n-ar**	hour
onsdag	Wednesday	**tionde**	tenth
pingst-en-ar	Whitsun	**tisdag**	Tuesday
polis-en-er	police,	**tjugoförsta** (etc.)	twenty-first
	policeman		(etc.)
på	for, in	**tjugonde**	twentieth
sekund-en-er	second	**tolfte**	twelfth
senast	last, most	**tredje**	third
	recently	**trettionde**	thirtieth
september	September	**trettonde**	thirteenth
sextionde	sixtieth	**tusende**	thousandth
sextonde	sixteenth	**under**	during
sjunde	seventh	**ute**	out
sjuttionde	seventieth	**vandra** (1)	to wander, hike
sjuttonde	seventeenth	**veckodag-en-ar**	day of the week
sjätte	sixth	**vår-en-ar**	spring
Skottland	Scotland	**vänlig**	friendly, kind
språkkurs-en-er	language course	**ålder-n, åldrar**	age
statsminister-n,	prime minister	**åttionde**	eightieth
ministrar		**åttonde**	eighth
tandläkare-n–	dentist		

Lesson 9

65 'Någon, något, några' and 'ingen, inget, inga'

The words **någon (något, några)** 'some', 'someone', 'something', 'any', 'anyone', 'anything' and **ingen (inget, inga)** 'no', 'no one', 'none', 'nothing' may be either adjectives (that is, they go with a noun) or pronouns (that is, they stand in place of a noun). As adjectives they must, of course, agree with the gender and number of the noun they go with; as pronouns they will have 'natural' gender – that is, 'someone' will be **en**-form and 'something' will be **ett**-form.

Pronouns
Ingen lyssnade på honom.   No one listened to him.
Någon har stulit min bil.   Someone has stolen my car.
Hörde du något?   Did you hear something?

Adjectives
Har du inga kläder?   Haven't you any clothes?
Han visade mig några gamla foton.   He showed me some old photos.
Vi har inget bröd hemma.   We have no bread at home.

There are also the words **någonting** 'something', 'anything', **ingenting** 'nothing', **någonstans** 'somewhere', 'anywhere' and **ingenstans** 'nowhere':

Någonting hände men jag såg ingenting.   Something happened but I saw nothing.
Han sitter någonstans men jag ser honom ingenstans.   He is sitting somewhere but I don't see him anywhere.

In normal speech the forms of **någon** are pronounced **nån (någon)**, **nåt (något)**, **nåra (några)**, **nånting (någonting)** and **nånstans (någonstans)**. These forms sometimes appear in very colloquial writing.

Remember (Section 22) that **någon** and **ingen** etc. are followed by the indefinite form of the adjective.

Finally, a word of caution: when the English 'some' actually means 'a little', 'a piece of', 'a drop of' and the like, the normal Swedish is the unchangeable word **lite**:

Vill du ha lite vin? Nej, tack, men jag kanske kan få lite vatten? Would you like some wine? No thanks, but perhaps I can have some water?

66 'Inte någon', etc.

There are two sets of circumstances in which **ingen/inget/inga/ ingenting/ingenstans** cannot be used and **inte någon/något/några/ någonting/någonstans** must be used instead. These situations are:

(a) When 'no one', 'nothing' etc. is the object of a compound tense (the perfect, pluperfect or modal auxiliary + infinitive) in a main clause:

Han säger ingenting. He says nothing.
BUT
Han har inte sagt någonting. He hasn't said anything.
Vi köpte inga kläder. We didn't buy any clothes.
BUT
Vi ska inte köpa några kläder. We shan't buy any clothes.

(b) When 'no one', 'nothing' etc. is the object in a subordinate clause irrespective of the tense:

Han sade att han inte hade sett någon. He said that he hadn't seen anyone.
De säger att de inte ska köpa några nya kläder. They say that they won't buy any new clothes.
Han säger att boken inte ligger någonstans i rummet. He says that the book isn't anywhere in the room.

Vocabulary

intressant	interesting
London	London
hända (2)	to happen
öl-et	beer

Exercise 55

Give the Swedish for:
1   I saw some interesting films in London.
2   No one saw him but someone must have heard him.
3   Nothing happens in this town.
4   She has not met anyone in Gothenburg.
5   We must do something before she comes.
6   Jonas will not buy any cassettes this week.
7   He says that he hasn't stolen any cars.
8   She said that she had nothing in the house.
9   I don't want to go anywhere today.
10   He didn't want to meet any new friends.
11   I would like some bread and some beer.
12   No intelligent woman believes it.

67 Formation of adverbs

We have already met (in Sections 33 and 44, and elsewhere) many simple adverbs such as **inte, aldrig, alltid, ofta, nu, snart, förr** ('before'). There are many more. Remember that adverbs never change their form.

(a)   Many other adverbs may easily be created from adjectives by adding **-t** to the **En**-form of the adjective. Such adverbs will consequently have exactly the same form as the **Ett**-form of the adjective (see Sections 22 and 23):

dålig bad	**dåligt** badly
varm warm	**varmt** warmly
knapp scarce	**knappt** scarcely
vacker beautiful	**vackert** beautifully
ovanlig unusual	**ovanligt** unusually

Boken är ovanligt intressant.   The book is unusually interesting.
Han kysste henne knappt.   He hardly kissed her.

(b)   A small number of the adjectives that end in **-lig** can also form adverbs either by adding **-en** to the **En**-form or **-vis** to the **Ett**-form of the adjective:

möjlig possible	**möjligen** possibly
trolig probable	**troligen** probably

naturlig natural   **naturligtvis** naturally, of course
lycklig fortunate   **lyckligtvis** fortunately

These adverbs in **-en** and **-vis** are not identical in use and meaning to those ending in **-t**. The adverbs in **-en** and **-vis** are clausal adverbs, i.e. they modify the meaning of the whole clause in which they occur:

Troligen kommer han till Stockholm imorgon. He is probably coming to Stockholm tomorrow.

The adverbs in **-t**, however, are adverbs of manner, place, time, cause or degree and only modify one element in the clause:

Hon har en ovanligt vacker röst. She has an unusually beautiful voice.

(c) We have already noticed (Section 64c) that some adverbs have different forms for location and motion. Here are further examples:

Location	*Motion to*	*Motion from*
var	**vart**	**varifrån**
where	whither, where to	from where
borta	**bort**	**bortifrån**
away	away	from away
framme	**fram**	**framifrån**
at the front	forward, to the front	from the front
inne	**in**	**inifrån**
inside	in(wards)	from inside
nere	**ner**	**nerifrån**
down	down(wards)	from below
uppe	**upp**	**uppifrån**
up	up(wards)	from above
ute	**ut**	**utifrån**
out, outside	out(wards)	from outside

68 Compass directions

A number of very useful patterns can be made using the compass directions **norr** 'north', **söder** 'south', **öster** 'east' and **väster** 'west'.

(a) **i norr** in the north   **i söder** in the south
     i öster in the east   **i väster** in the west

     Kiruna ligger i norr och Malmö ligger i söder.   Kiruna lies in the north and Malmö lies in the south.

(b) **norr om** north of   **söder om** south of
     öster om east of   **väster om** west of

     Uppsala ligger norr om Stockholm.   Uppsala lies north of Stockholm.

(c) **norrut**   northwards, to the north
     söderut   southwards, to the south
     österut   eastwards, to the east
     västerut   westwards, to the west

     Från Arvidsjaur cyklade vi norrut mot polcirkeln.   From Arvidsjaur we cycled northwards towards the Arctic Circle.

(d) **norrifrån**   from the north
     söderifrån   from the south
     österifrån   from the east
     västerifrån   from the west

     De väntade på tåget norrifrån.   They were waiting for the train from the north.

(e) The adjectival forms of the compass directions are **norra** 'northern', **södra** 'southern', **östra** 'eastern', **västra** 'western':

     Hur länge har han bott i norra Sverige?   How long has he lived in northern Sweden?

     The prefixes **nord-, syd-, öst-, väst-** may also be used:

     Lund ligger i Sydsverige.   Lund lies in southern Sweden.
     Malmö är en sydsvensk stad.   Malmö is a southern Swedish town.

     These prefixes are also used to form the intermediate points of the compass: **nordvästra** 'north-western' etc.

(f) Although **norr, söder, väster** and **öster** are in fact nouns, they cannot be used except as described above. Expressions such as the English 'The North is beautiful' must be rephrased:

     Landets norra del är vacker.   The northern part of the country is beautiful.

Exercise 56

Give the Swedish for:
1 Gävle lies south of Söderhamn but north of Uppsala.
2 He has been indoors all day but now he is out.
3 It is probably a very bad book.
4 It has been an unusually warm day today.
5 The forests in western and northern Sweden are really big.
6 Fortunately we had already bought tickets.
7 Her young daughter dances beautifully.
8 I don't like driving south when the sun is shining.
9 They drank coffee out in the garden.
10 Where are you cycling to this evening?

69 Comparative and superlative of adjectives

(a) The most common way of comparing adjectives in Swedish is by adding the ending **-are** for the comparative or **-ast** for the superlative to the **en**-form of the adjective:

fin fine	**finare** finer	**finast** finest
glad happy	**gladare** happier	**gladast** happiest
billig cheap	**billigare** cheaper	**billigast** cheapest

Note that adjectives whose basic form ends in **-er**, **-el** or **-en** will lose the **-e**:

enkel simple	**enklare** simpler	**enklast** simplest

(b) A small number of very common adjectives have a vowel change and add the endings **-re** or **-st**:

låg low	**lägre**	**lägst**
lång long	**längre**	**längst**
trång narrow	**trängre**	**trängst**
få few	**färre**	–
ung young	**yngre**	**yngst**
tung heavy	**tyngre**	**tyngst**
stor big	**större**	**störst**
grov coarse	**grövre**	**grövst**
hög high	**högre**	**högst**

(c)   As in English, a very small number of adjectives have
      completely irregular comparisons:

god/bra	**bättre**	**bäst**
good	better	best
gammal	**äldre**	**äldst**
old	older	oldest
liten/lite(t)	**mindre**	**minst**
small/little	smaller/less	smallest/least
dålig	**sämre**	**sämst**
bad	worse	worst
dålig/ond	**värre**	**värst**
bad	worse	worst
många	**fler**	**flest**
many	more	most
mycket	**mer**	**mest**
much	more	most

The distinction between the comparisons of **dålig** will be dealt
with in Section 70.

(d)   A large number of adjectives (but of limited variety) form
      comparatives and superlatives with **mer** and **mest**:

typisk	**mer typisk**	**mest typisk**
typical	more typical	most typical

To this group belong all adjectives that have the ending **-isk**,
all present participles (**spännande, mer spännande, mest
spännande** 'exciting', 'more exciting', 'most exciting') and all
past participles (**intresserad, mer intresserad, mest
intresserad** 'interested', 'more interested', 'most interested').
Present participles have been dealt with in Section 50 and past
participles will be met in Section 85.

70 Comments on the comparative and superlative

(a)   The comparatives ending in **-are** and **-re** never change their
      forms:

en finare bil	**den finare bilen**	**finare bilar**
a nicer car	the nicer car	nicer cars

(b)   The superlatives ending in **-ast** and **-st** only add endings when
      the adjective stands in front of the noun in the definite form:

den finaste bilen	det finaste huset	de finaste husen
the nicest car	the nicest house	the nicest houses
den största bilen	**det största huset**	**de största husen**
the biggest car	the biggest house	the biggest houses

Note that the **-ast** forms add **-e** whereas the **-st** forms add **-a**.

In all other circumstances there is no ending:

De stora husen är finast.   The big houses are nicest.

(c) Adjectives that form the comparative and superlative with **mer** and **mest** will, of course, take their normal adjectival endings.

(d) There is a difference in use between **dålig, sämre, sämst** and **dålig, värre, värst**. **Sämre, sämst** imply there is less of some good quality whereas **värre, värst** imply there is more of some bad quality:

Göran är den sämsta studenten.   Göran is the worst (i.e. least competent) student.
Brita är den värsta studenten.   Brita is the worst (i.e. most badly behaved) student.

(e) **Mer** and **mest** are used to express amount whereas **fler** and **flest** are used to express number:

Fler studenter studerar tyska än svenska.   More students study German than Swedish.
Hon dricker mer kaffe än jag.   She drinks more coffee than me/I (do).

(f) Notice the use of **än** 'than' in the last two examples. A personal pronoun following **än** will always be in the subject form if it could be in the subject form in English:

Min bror är mycket intelligentare än jag.   My brother is much more intelligent than me/than I (am).

(g) **God/bra** have the comparative and superlative forms **godare, godast** when they refer to how something tastes:

Min syster bakar godare bakelser än du.   My sister bakes better (tasting) cakes than you.

(h) There are many common set phrases that use superlative forms, often together with a noun and no article. (See also Section 90f.) Here are a few of them:

i bästa fall   at best, in the best case

i första hand	in the first place
i sista hand	in the last resort
i högsta grad	highly, to the highest degree

Exercise 57

Give the Swedish for:
1 It is warmer this year than last year.
2 Henrik works in the biggest office in the town.
3 I have a younger brother and an older sister.
4 This shop is more expensive than that one.
5 These cakes are best.
6 We have never read a more exciting novel.
7 The winters in northern Sweden are coldest.
8 The smallest men have the longest cars.
9 My mother looks much younger than my father.
10 He kisses more girls than me.
11 This is the longest street in Lund.
12 The richest man lives in the most beautiful house.

71 Comparative and superlative of adverbs

Adverbs formed from adjectives have exactly the same comparative and superlative forms as the adjective. Remember that adverbs never change their form.

kallt	**kallare**	**kallast**
coldly	more coldly	most coldly
ovanligt	**ovanligare**	**ovanligast**
unusually	more unusually	most unusually
lite(t)	**mindre**	**minst**
a little	less	least

A number of other adverbs also have comparative and superlative forms:

fort	**fortare**	**fortast**
quickly	more quickly	most quickly
gärna	**hellre**	**helst**
willingly	more willingly	most willingly
ofta	**oftare**	**oftast**
often	more often	most often

CONVERSATION

Samtal på tåget
Conversation on the train

Fru Nilsson	**Har ni inte varit här i norra Sverige förut?**
Mrs Nilsson	Haven't you been here in northern Sweden before?
Herr Ljunggren	**Jo. Men bara en gång för många år sedan.**
Mr Ljunggren	Yes. But only once many years ago.
Fru Nilsson	**Varifrån kommer ni egentligen?** Where do you come from actually?
Herr Ljunggren	**Från Skurup i Skåne. Femton kilometer väster om Ystad.** From Skurup in Skåne. Fifteen kilometres west of Ystad.
Fru Nilsson	**Jaså . . . Skurup. Jag har aldrig träffat någon som kommer därifrån . . . tidigare, menar jag.** I see . . . Skurup. I have never met anyone who comes from there . . . before, I mean.
Herr Ljunggren	**Och ni? Var är ni bosatt?** And you? Where are you resident?
Fru Nilsson	**I Stockholm. Jag har bott där rätt länge. Men jag växte upp i Rottneros i Värmland. Inte så långt från Sunne. Min far var faktiskt lärare i Sunne. Det var på trettiotalet, förstås. Min man och jag flyttade till Stockholm 1939. Han gick bort för två år sedan.** In Stockholm. I have lived there for a really long time. But I grew up in Rottneros in Värmland. Not so far from Sunne. My father was actually a teacher in Sunne. That was in the thirties, of course. My husband and I moved to Stockholm in 1939. He passed away two years ago.
Herr Ljunggren	**Mm . . . Förfärligt väder vi har idag.** Mm . . . Terrible weather we are having today.
Fru Nilsson	**Ja, det har regnat mest hela dagen. Och igår var det lika dåligt.** Yes, it's been raining pretty well the whole day. And yesterday was just as bad.

Herr Ljunggren	**Jag tror att jag ska ta semester i juli nästa år. Då är vädret lite stadigare. Och det är ju varmare i juli än i augusti här i norr. Men titta där!** I think I'll take my holidays in July next year. The weather is a bit more stable then. And, after all, it's warmer in July than in August here in the north. But look over there!
Fru Nilsson	**Va? Vad var det?** What? What was it?
Herr Ljunggren	**Det var en älg i skogsbrynet.** There was an elk at the edge of the forest.

72 Grammar and idioms in the conversation

(a) Notice the important distinction between the adverbs **långt** 'far', 'a long way' and **länge** 'long', 'a long time':

Hur långt är det från Stockholm till Uppsala? How far is it from Stockholm to Uppsala?
Hur länge ska vi stanna här? How long are we going to stay here?

The comparative and superlative forms **längre** and **längst** cover both time and distance, however:

Ska vi stanna längre? Shall we stay longer?
Det är längre till Stockholm än till Uppsala. It's farther to Stockholm than to Uppsala.

(b) In Section 70f we saw the use of **än** 'than' for making comparisons. Other ways of comparing things are **lika . . . som** 'as . . . as' and **inte så . . . som** 'not as . . . as':

Vädret är lika dåligt som igår. The weather is as bad as yesterday.
Tåget är inte så fullt som igår. The train is not as full as yesterday.

Note the use of **lika** or **inte så** depending on whether the sentence is positive or negative. Also, as in English and as exemplified in the conversation, the comparison can be implied without being stated fully:

Jag är lika trött idag. I'm just as tired today (as I was yesterday).

73 The infinitive and 'att'

You will have noticed that the infinitive, as in English, is
sometimes preceded by the infinitive marker **att** ('to') and
sometimes not (see Sections 5, 21 and 51c).
Att is never used in two-verb constructions in which the first verb
is a modal auxiliary (Section 21): **få, måste, kunna, skola, vilja,
böra** ('ought', **bör, borde, bort**) and **låta** ('to let' or 'to have
something done, to make someone do something', **låter, lät, låtit**).

De lät bygga ett nytt hus bredvid det gamla.   They had a new
house built alongside the old one.
Vi bör resa till Värmland i sommar.   We ought to travel to
Värmland this summer.
Han kunde inte arbeta i måndags.   He couldn't work last
Monday.

Att is not used in two-verb constructions in which the first verb is a
so-called 'modal equivalent'. The most common of these are:

behöva (2)	to need
bruka (1)	to be in the habit of
börja (1)	to begin, start
försöka (2)	to try
lova (1)	to promise
sluta (1)	to stop
tänka (2)	to intend
vägra (1)	to refuse

Hon vägrade äta kött.   She refused to eat meat.
Eva brukar resa till England varje år.   Eva usually travels to
England every year.
Han brukade gå på bio tre gånger i veckan.   He used to go to the
cinema three times a week.

Remember (Section 53e) that **bruka** in the present tense will often
translate the English adverb 'usually' and in the imperfect tense
will translate the English 'used to'.

In other two-verb constructions **att** should be used to link the
verbs. (See also Section 51.)

De tyckte om att gå i fjällen.   They liked to walk in the
mountains.
Göran hatade att åka buss.   Göran hated going by bus.

74 'För att'

English very often uses a simple 'to' in two-verb constructions when 'in order to' is implied:

He went to the shop to buy shoes.
She went running every day to get fit.

In all situations where the English means 'in order to' Swedish will have **för att**:

Hon reste till England för att lära sig språket.   She went to England (in order) to learn the language.
Vi sprang hem för att lyssna på nyheterna.   We ran home (in order) to listen to the news.

Vocabulary

genom	through
fönster, fönstret–	window

Exercise 58

Give the Swedish for:
1   Jonas travelled south to visit Eva.
2   We like swimming in the sea.
3   You ought to read every book he writes.
4   They used to like listening to the birds.
5   I need to buy new shoes before Christmas.
6   Eva hurried home to bake bread.
7   We were happy to be able to meet your mother.
8   Göran usually cycles to the office.
9   She refused to look in through the window.
10   He built a new house in the forest in order to be able to watch the elks.

Vocabulary to Lesson 9

baka (1)	to bake	**borta**	away (location)
bakelse-n-er	cake, pastry	**bortifrån**	from away
bort	away (motion)	**bosatt**	resident

bredvid	alongside	**länge**	long, a long time
bröd-et	bread	**mena** (1)	to hold an
bygga (2)	to build		opinion, think
bättre	better	**mer**	more (amount)
böra (bör,	ought	**mest**	most (amount)
borde, bort)		**mindre**	smaller, less
cykla (1)	to cycle	**minst**	smallest, least
del-en-ar	part	**mot**	towards
dålig	bad	**möjlig**	possible
egentligen	actually, really	**naturlig**	natural
fall-et–	case	**naturligtvis**	naturally
fler	more (number)	**nere**	down (location)
flest	most (number)	**nerifrån**	from below
fort	quickly	**nord-**	northern
foto-t-n	photo	**norr**	north
framifrån	from the front	**norra**	northern
full	full	**norrifrån**	from the north
få	few	**norrut**	northwards
förfärlig	dreadful	**någon, något,**	someone,
förr	before (adv)	**några**	anyone,
förstås	of course		something,
fönster,	window		anything,
fönstret–			some, any
försöka (2)	to try	**någonstans**	somewhere
genom	through	**ond**	bad, evil
grad-en-er	degree	**ovanlig**	unusual
grov	coarse	**polcirkel-n,**	Arctic Circle
gå bort (4 går,	to pass away, die	**cirklar**	
gick, gått)		**rätt**	right, really
hand-en, händer	hand	**röst-en-er**	voice
hata (1)	to hate	**samtal-et–**	conversation
herr	Mr	**semester-n,**	holiday
hända (2)	to happen	**semestrar**	
hög	high	**sist**	last
ingen, inget,	no, no one,	**skogsbryn-et–**	edge of the forest
inga	nothing, none	**stadig**	steady, stable
ingenstans	nowhere	**syd-**	southern
ingenting	nothing	**sämre**	worse
inifrån	from inside	**sämst**	worst
inte så . . . som	not as . . . as	**söder**	south
intressant	interesting	**söderifrån**	from the south
knapp	scarce	**söderut**	southwards
kött-et	meat	**södra**	southern
lika . . . som	as . . . as	**trolig**	probable
lova (1)	to promise	**troligen**	probably
lyckligtvis	fortunately	**trång**	narrow,
låg	low		constricted
låta (4 låter,	to let, to have	**tung**	heavy
lät, låtit)	something	**typisk**	typical
	done	**tyska-n**	German
			(language)

126

upp	up (motion)	**västerifrån**	from the west
uppe	up (location)	**västerut**	westwards
uppifrån	from above	**västra**	western
utifrån	from outside	**äldre**	older
vart	where to, whither	**äldst**	oldest
vatten, vattnet–	water	**älg-en-ar**	elk
vin-et-er	wine	**än**	than
vägra (1)	to refuse	**öl-et**	beer
värre	worse	**öst-**	eastern
värst	worst	**öster**	east
väst-	western	**österifrån**	from the east
väster	west	**österut**	eastwards
		östra	eastern

Lesson 10

75 Countries, nationalities and languages

Learn the following names of countries, nationalities and languages.
You will notice that in most cases the name of the language and
that of the female inhabitant may be very simply derived from the
adjective. The same is true in a few cases for the male inhabitant.

Country	Adjective	Language
Danmark	**dansk**	**danska**
Denmark	Danish	Danish
Finland	**finsk**	**finska**
Finland	Finnish	Finnish
Island	**isländsk**	**isländska**
Iceland	Icelandic	Icelandic
Norge	**norsk**	**norska**
Norway	Norwegian	Norwegian
Sverige	**svensk**	**svenska**
Sweden	Swedish	Swedish
Ryssland	**rysk**	**ryska**
Russia	Russian	Russian
Tyskland	**tysk**	**tyska**
Germany	German	German
Holland	**holländsk**	**holländska**
Holland	Dutch	Dutch
England	**engelsk**	**engelska**
England	English	English
Frankrike	**fransk**	**franska**
France	French	French
Spanien	**spansk**	**spanska**
Spain	Spanish	Spanish
Italien	**italiensk**	**italienska**
Italy	Italian	Italian
Amerika	**amerikansk**	**engelska**
America	American	English

All names of countries are treated as **Ett**-nouns and all names of
languages are treated as **En**-nouns:

Hon är mycket stolt över sin svenska. She is very proud of her Swedish.
Sverige är fantastiskt! Sweden is fantastic!

Male		*Female*
dansk-en-ar	Dane	danska-n-or
svensk-en-ar	Swede	svenska-n-or
tysk-en-ar	German	tyska-n-or
norrman-nen, män	Norwegian	norska-n-or
engelsman-nen, män	Englishman/woman	engelska-n-or
fransman-nen, män	Frenchman/woman	fransyska-n-or NB
holländare-n–	Dutchman/woman	holländska-n-or
amerikanare-n–	American	amerikanska-n-or
italienare-n–	Italian	italienska-n-or
finne-n-ar	Finn	finska-n-or
islänning-en-ar	Icelander	isländska-n-or
ryss-en-ar	Russian	ryska-n-or
spanjor-en-er	Spaniard	spanjorska-n-or NB

Note that, with the exception of the names of the countries, all of the above are spelled without capital letters. When referring to the population of the country as a whole or to groups of mixed sex the male forms are used:

Många svenskar tar semester på vintern. Many Swedes take holidays in winter.

76 'Where' in questions and in relative clauses

In English 'where' covers both questioning and relative functions:

Question	Where are you going today?
Relative	I know a place where we can get caviar.

In a question Swedish will have **var** or **vart** depending on whether motion or position is involved (see Section 67c):

Var kan man äta fransk mat i Stockholm? Where can one eat French food in Stockholm?
Vart ska ni resa imorgon? Where are you travelling to tomorrow?

Var and **vart** must also be used in indirect questions:

Jag undrar var man kan äta fransk mat. I wonder where one can eat French food.
Jag undrar vart ni ska resa imorgon. I wonder where you are travelling to tomorrow.

As a relative, however, Swedish uses **där** or **dit** depending on whether position or motion is involved (see Section 64c):

Han vet en restaurang, där man kan äta fransk mat. He knows a restaurant where one can eat French food.
Jag vet en restaurang, dit vi kan gå. I know a restaurant where we can go.

An easy way of recognising whether it should be **var/vart** or **där/dit** is that if 'where' can be replaced by 'in/at which' or 'to which' the Swedish will be **där** or **dit**.

Vocabulary

turist-en-er	tourist
landskap-et–	province
enda	only (*adj*)
få tag i	to get hold of
stilig	stylish, elegant
spara (1)	to save
söka (2)	to look for
arbete-t-n	work

Exercise 59

*Insert the correct form of **var/vart** or **där/dit** in the following sentences:*
1 Vet du _____ Ulla bor nuförtiden?
2 Mora är en stad, _____ det finns många turister.
3 Ska vi gå på en restaurang, _____ vi kan äta italiensk mat?
4 Dalarna är ett landskap, _____ många turister åker.
5 Jan frågade mig, _____ vi tänkte cykla.
6 Är Sverige det enda land, _____ man talar svenska?
7 Eva jobbar på en bank, _____ hon åker buss varje dag.
8 _____ kan jag få tag i det billigaste vinet?
9 Kiruna ligger i norra Sverige, _____ det är mycket kallt på vintern.
10 Jämtland är ett landskap, _____ jag skulle vilja åka.

11 Vi vet fortfarande inte, _____ vi ska resa i sommar.

12 Göran kör ofta till Göteborg, _____ han har många vänner.

Exercise 60

Give the Swedish for:

1 Many Swedes travel to Spain in the summer.
2 Jan went to the mountains in order to go ski-ing.
3 Frenchmen are more stylish than Englishmen.
4 Göran is saving money to buy a car.
5 Italian wine is cheaper than French wine.
6 She speaks Swedish at home and English at the office.
7 Many Finns also speak Swedish.
8 He moved from northern Norway to look for work.

77 'Vad som . . .', 'vem som . . .', 'vilken som . . .'

The use of the question words **vad**, **vem** and **vilken** (**vilket, vilka**) has already been discussed (Section 13):

Vem är den där pojken? Who is that boy?
Vad ska du göra i sommar? What are you doing this summer?
Vilken bok har hon läst? Which book has she read?

In subordinate clauses in which **vad**, **vem** and **vilken** function as the objects of the clause, the pattern remains as above:

Han frågade mig, vem jag hade träffat. He asked me whom I had met.
Hon undrade, vad vi skulle göra. She wondered what we should do.
Jag frågade, vilken tidning han läste. I asked which newspaper he was reading.

But in subordinate clauses in which **vad**, **vem** and **vilken** function as the subject they must be accompanied by the relative pronoun **som**:

Jag undrar, vem som kommer till festen. I wonder who is coming to the party.
Jag undrar, vad som händer i Sverige. I wonder what is happening in Sweden.

Han fragåde mig, vilken väg som var kortast.   He asked me
which way was shortest.

78 'Vad som helst . . .', 'vem som helst . . .', 'vilken som helst . . .'

These correspond to English phrases such as 'anything at all',
'anything you care to name', 'whatever you like' etc. **Vad som
helst** and **vem som helst** are unchangeable, whereas **vilken som
helst** may insert a noun between **vilken** and **som helst** and will
agree with that noun:

Vem som helst kan lära sig svenska.   Anybody can learn
Swedish.
Hon är inte vem som helst!   She is not just anybody!
Han äter vad som helst.   He eats any old thing.
Köp vilket vin som helst!   Buy any wine you like!
Du kan få vilken bok som helst.   You can have any book you care
to name.

Exercise 61

Give the Swedish for:
1 Who was that German woman you were talking to?
2 He asked me who had painted (**måla** 1) the old house.
3 You can eat anything you like but you must eat something!
4 Who was the man who gave you the Norwegian books?
5 I wonder which car is best.
6 The Prime Minister is not just any old Italian!
7 She wanted to know who liked Spanish food.
8 Anyone can do it if he wants to, he said.

79 Compound verbs

Many Swedish verbs are compound verbs in that they consist of the
verb and a particle. In some cases the particle is a prefix (**betala** 'to
pay', **oroa** 'to disturb', **förklara** 'to explain') and in some cases it
follows the verb (**tycka** *om* 'to like', **känna** *igen* 'to recognise', **slå**
sönder 'to smash').

The following prefixed particles are always inseparable from the verb:

an-	anklaga (1)	to accuse
be-	betyda (2)	to mean
er-	erbjuda (4)	to offer
för-	förlora (1)	to lose
här-	härleda (2)	to derive
miss-	missunna (1)	to grudge
o-	oroa (1)	to disturb
sam-	samarbeta (1)	to cooperate
um-	umgås (4)	to go round with
und-	undvika (4)	to avoid
van-	vansköta (2)	to neglect, mismanage
väl-	välsigna (1)	to bless
å-	åkalla (1)	to invoke

Sverige, Norge och Danmark samarbetar på många sätt. Sweden, Norway and Denmark cooperate in many ways.
Han undvek att titta på mig. He avoided looking at me.

Most of the many particles, however, are separable and follow the verb:

bryta av (4)	to break off
gå förbi (4)	to walk past
slå ihjäl (4)	to kill
komma in (4)	to enter
följa med (2)	to accompany
sätta på (4)	to switch on
stänga av (2)	to switch off
stryka under (4)	to underline
gå ut (4)	to exit
komma ihåg (4)	to remember

Hon satte på TV-n innan han gick ut. She put on the TV before he went out.
Han bröt av en gren och slog ihjäl vargen. He broke off a branch and killed the wolf.

In speech the particle is stressed: **sätta** *på*, **slå** *ihjäl* etc.

There are certain circumstances in which the separable particles will be prefixed to the verb:

(a) In the present and past participles (see Sections 50 and 85) the separable particles will *always* be prefixed to the verb: **känna igen** but **igenkännande** 'recognising'; **gå förbi** but **förbigående** 'passing'; **tycka om** but **omtyckt** 'liked', 'popular'; **bryta av** but **avbruten** 'broken off'.

(b) In a few cases the prefixed and separate forms have developed rather different meanings, one literal (the separate form) and one abstract (the prefixed form):

Pojken bröt av grenen. The boy broke off the branch.
Statsministern avbröt diskussionen. The Prime Minister broke off the discussion.

(c) In many cases there is a stylistic difference between using the separate form and the prefixed form. The separate form will be used in ordinary speech and informal writing whereas the prefix form will be used in formal writing:

De lade ned böckerna på bordet. They put the books down on the table.
Statsministern nedlade en krans på graven. The Prime Minister laid a wreath on the grave.

80 Where to place the particle

The normal position for the separable particle with compound verbs is immediately after the main verb:

En svensk flicka gick förbi. A Swedish girl walked past.
Den tyska kvinnan kände igen henne. The German woman recognised her.
Pojken har brutit av en gren. The boy has broken off a branch.
Har de känt igen dig? Have they recognised you?
Ska du inte slå ihjäl vargen? Aren't you going to kill the wolf?
Jag frågade, om han tyckte om mjölk. I asked if he liked milk.

There are, however, a number of situations when the verb and the particle are separated:

(a) In the present and imperfect tenses of the verb in main clauses, simple adverbs such as **aldrig, alltid, gärna, kanske, ofta, inte, redan, snart** and **sällan** will come between the verb and its particle:

Han kände inte igen mig. He didn't recognise me.
Flickan gick ofta förbi. The girl often walked past.

134

(b) When the present and imperfect tenses of the verb are
     inverted in main clauses the subject will also come between
     the verb and its particle:

Tycker du om svensk mat? Do you like Swedish food?
Kände hon igen dig? Did she recognise you?
Slog han inte ihjäl vargen? Didn't he kill the wolf?
Imorgon reser vi bort. Tomorrow we are going away.

(c) The adverbs **bra, mycket** and **illa** ('bad', 'badly') *always* stand
     between the verb and its particle:

Han tycker mycket om italienska filmer. He likes Italian
films very much.
Hon har alltid tyckt illa om honom. She has always disliked
him.

Exercise 62

*The verb particle has been omitted in the following sentences. Rewrite
the sentences placing the particle in its proper position.*
1 Han sade, att han inte kände henne. (igen)
2 Lade han inte böckerna på bordet? (ned)
3 Har ni alltid tyckt illa honom? (om)
4 Var det Jan som bröt grenen? (av)
5 Han går ofta men han kommer aldrig. (förbi, in)

Exercise 63

Give the Swedish for:
1 Does she dislike German cars?
2 I didn't recognise the boy who walked past.
3 Don't you remember him?
4 Please put on the TV!
5 Aren't you going to switch off the TV?

CONVERSATION

Ett telefonsamtal
A telephone conversation

Telefonen ringer hos Erikssons   The telephone rings at the
Erikssons'

Birgitta   **18 45 64**
Svante   **Är det Birgitta?**   Is that Birgitta?
Birgitta   **Ja, det är det. Är det inte Svante Ahlgren?**   Yes, it is.
Isn't that Svante Ahlgren?
Svante   **Jo. Kommer du ihåg mig?**   Yes. Do you remember
me?
Birgitta   **Visst kommer jag ihåg dig. Men vad gör du
nuförtiden?**   Certainly I remember you. But what are
you doing nowadays?
Svante   **Bärbel och jag är faktiskt i Stockholm just nu. Jag har
jobbat i Tyskland i tre år men nu har jag tagit två
veckors semester för att hälsa på mina släktingar här i
Sverige. Och Bärbel har följt med. Det är första
gången hon är i Sverige.**   Bärbel and I are actually in
Stockholm just now. I've been working in Germany for
three years but now I've taken two weeks' holiday to
visit my relations here in Sweden. And Bärbel has come
along. It's the first time she has been to Sweden.
Birgitta   **Bärbel?**
Svante   **Det är min fru. Vi gifte oss för fyra månader sedan
och nu vill jag presentera henne för alla. Hon är
tyska, förstås.**   That's my wife. We got married four
months ago and now I want to introduce her to
everyone. She's a German, of course.
Birgitta   **Nej, men så trevligt! Då måste ni komma och hälsa på
oss. Jag kan ju tyska. Kan ni komma hem till oss på
fredag kväll?**   Well, how nice! In that case you must
come and visit us. I can speak German, after all. Can
you come to our place on Friday evening?
Svante   **Ja, tack, det låter trevligt. Hur dags ska vi
komma?**   Yes, thank you, that sounds nice. What time
shall we come?
Birgitta   **Vid sextiden, om det passar.**   Around six, if that suits
you.

Svante	**Ja, det passar utmärkt. Hej så länge.** Yes, that suits us excellently. Bye for now.
Birgitta	**Hej, hej.** Bye, bye.

81 Grammar and idioms in the conversation

(a) **Ett telefonsamtal** Swedish, like German, favours compound nouns whereas English normally keeps them separate. Notice that the gender of a compound noun is *always* that of its final element:

en telefon + ett samtal = ett telefonsamtal

There are a number of possible ways to form compounds and they are not easy for a learner to predict: words may be simply joined together as with **ett telefon/samtal**; they may be linked by a possessive **s** as in **en stat/s/minister**; they may be linked by an extra vowel as in **ett kung/a/rike** 'kingdom'; an **-a** at the end of the first word might change into a **-u** or **-o** as in **ett var/u/hus** (from **vara-n-or** 'ware'); the first part might lose its final vowel as in **en pojk/vän**.

(b) Telephone numbers in Swedish are pronounced (and written) as far as possible in pairs:

18 45 64   **arton fyrtiofem sextiofyra**

(c) **Gång-en-ar** and **tid-en-er**, both meaning 'time', must be distinguished. **Gång** is a point in time, an occasion; **tid** is a continuum, a period of time:

Jag träffade henne bara en gång. I met her only once.
Hon bodde i Italien en tid. She lived in Italy for a time.

Fairy stories in Swedish open with the words:

Det var en gång ... Once upon a time ...

(d) **Första gången** The omission of the first of the double definite articles occurs in a number of circumstances. It happens, for instance:

(i) where a phrase has become the set name of a place or institution as in **Förenta staterna**, 'the United States'; **Vita huset**, 'The White House' in Washington; **Kungliga slottet**, 'the Royal Palace' in Stockholm; **Franska revolutionen**, 'the French Revolution';

(ii) with the ordinal numbers as in **första/andra/tredje gången**, 'the first/second/third time'.

(e) **Nej, men så trevligt! Nej** is frequently used, as here, as an expression of surprise and without any necessarily negative sense. Think of English 'Well, I never!'

(f) **Jag kan ju tyska** The verb **kunna**, 'to be able', is often used alone, particularly with languages, to mean 'to know':

De kan italienska och spanska. They know Italian and Spanish.

(g) Notice the difference between the 'motion' and 'location' constructions **komma hem till oss** and **vara hemma hos oss**:

Kan ni komma hem till oss på fredag kväll? Can you come to our place on Friday evening?
De var hemma hos oss hela kvällen. They were at our place the whole evening.

(h) **Vid sextiden** Notice this expression of general time using **vid: vid åttatiden** 'around eight', 'eightish'.

82 Numbers as nouns

There is a useful method of converting the numbers 0–12 and other numbers ending in 1–9 (i.e. 21–29, 31–39 etc.) into nouns of Group (i) – that is, the **flicka-n-or** group.

Numeral	Indefinite	Definite	Plural
noll	en nolla	nollan	nollor
ett	en etta	ettan	ettor
två	en tvåa	tvåan	tvåor
tre	en trea	trean	treor
fyra	en fyra	fyran	fyror
fem	en femma	femman	femmor
sex	en sexa	sexan	sexor
sju	en sjua	sjuan	sjuor
åtta	en åtta	åttan	åttor
nio	en nia	nian	nior
tio	en tia	tian	tior
elva	en elva	elvan	elvor
tolv	en tolva	tolvan	tolvor

138

As you will see from the examples below, these may be applied to:
the name of the number itself; a coin or note of that amount; bus or
tram numbers; hospital wards or school years; clothing and shoe
sizes; the size of a flat measured in rooms.

Barnet kan inte skriva åttor.   The child can't write eights.
Var snäll och låna mig en tia.   Please lend me a tenner.
Här kommer tjugofyran.   Here comes the 24 (bus or tram).
Anders går i sjuan.   Anders is in the seventh year (class).
Jag tar fyrtiotreorna, tack.   I'll take the 43s (shoes), please.
Göran har en trea i Göteborg.   Göran has a three-roomed flat in
Gothenburg.

Vocabulary to Lesson 10

Amerika	America	**fransman-nen,**	Frenchman
amerikanare-n–	American	**män**	
amerikanska-n-or	American	**fransyska-n-or**	Frenchwoman
	woman	**fyra-n-or**	a 'four'
anklaga (1)	to accuse	**få tag i**	to get hold of
arbete-t-n	work	**Förenta staterna**	the United States
betyda (2)	to mean	**förklara** (1)	to explain
bryta av (4)	to break off	**förlora** (1)	to lose
Danmark	Denmark	**grav-en-ar**	grave
dansk	Danish	**gren-en-ar**	branch
dansk-en-ar	Dane	**gå förbi** (4)	to walk past
danska-n	Danish language	**gå ut** (4)	to exit
danska-n-or	Danish woman	**hej så länge**	bye for now, see
diskussion-en-er	discussion		you soon
elva-n-or	an 'eleven'	**Holland**	Holland
enda	only (*adj*)	**holländare-n–**	Dutchman
engelsk	English	**holländsk**	Dutch
engelska-n-or	Englishwoman	**holländska-n**	Dutch language
engelsman-nen,	Englishman	**holländska-n-or**	Dutchwoman
män		**härleda** (2)	to derive
erbjuda (4)	to offer	**illa**	bad, badly
etta-n-or	a 'one'	**Island**	Iceland
fantastisk	fantastic	**isländsk**	Icelandic
femma-n-or	a 'five'	**isländska-n**	Icelandic
Finland	Finland		language
finne-n-ar	Finn	**isländska-n-or**	Icelandic woman
finsk	Finnish	**islänning-en-ar**	Icelander
finska-n	Finnish language	**italienare-n–**	Italian
finska-n-or	Finnish woman	**italiensk**	Italian
Frankrike	France	**italienska-n**	Italian language
fransk	French	**italienska-n-or**	Italian woman
franska-n	French language	**klaga** (1)	to complain

komma in (4)	to enter	stat-en-er	state
kort	short	stilig	stylish, elegant
krans-en-ar	wreath	stolt	proud
kung-en-ar	king	stryka under (4)	to underline
kungarike-t-n	kingdom	svensk-en-ar	Swede
kunglig	royal	svenska-n-or	Swedish woman
känna igen (2)	to recognise	sätt-et–	way, manner
landskap-et–	province	sätta på (4)	to switch on
låna (1)	to lend	söka (2)	to look for
missunna (1)	to grudge	telefon-en-er	telephone
mjölk-en	milk	telefonsamtal-et–	telephone
måla (1)	to paint		conversation
nia-n-or	a 'nine'	tia-n-or	a 'ten'
nolla-n-or	a 'zero'	tolva-n-or	a 'twelve'
norrman-nen,	Norwegian	trea-n-or	a 'three'
män		turist-en-er	tourist
norsk	Norwegian	tvåa-n-or	a 'two'
norska-n	Norwegian	tysk	German
	language	tysk-en-ar	German
norska-n-or	Norwegian	tyska-n-or	German woman
	woman	Tyskland	Germany
oroa (1)	to disturb	umgås (4)	to go round with
passa (1)	to suit	undra (1)	to wonder
presentera för	to introduce to	undvika (4)	to avoid
(1)		utmärkt	excellent(ly)
revolution-en-er	revolution	vad som	what
rike-t-n	realm	vad som helst	whatever,
ringa (2)	to ring		anything at all
rysk	Russian	vansköta (2)	to neglect,
ryska-n	Russian language		mismanage
ryska-n-or	Russian woman	vara-n-or	ware,
ryss-en-ar	Russian		commodity
Ryssland	Russia	varg-en-ar	wolf
samarbeta (1)	to cooperate	vem som	who
sexa-n-or	a 'six'	vem som helst	whoever, anyone
sjua-n-or	a 'seven'		at all
slå ihjäl (4)	to kill	vilken som	who, what
slå sönder (4)	to smash, break	vilken som helst	who/whatever,
slott-et–	castle, palace		anyone/thing
Spanien	Spain	visst	certainly
spanjor-en-er	Spaniard	välsigna (1)	to bless
spanjorska-n-or	Spanish woman	åkalla (1)	to invoke
spansk	Spanish	åtta-n-or	an 'eight'
spanska-n	Spanish language	över	above, of, about
spara (1)	to save		

Lesson 11

83 Transitive and intransitive verbs

Transitive verbs are verbs that take a direct object (e.g. 'Erik *loved* Gunilla') whereas intransitive verbs do not take a direct object (e.g. 'Erik's grandfather *died*'). Many verbs are, of course, both transitive and intransitive (e.g. 'He *finished* the book' and 'The film *finishes* at 10 o'clock').

English commonly uses the same verb with both transitive and intransitive functions. In Swedish, however, the distinction is a clearer one and, in many cases, there is a pair of related verbs, one of which has a transitive function and the other an intransitive function:

Transitive	*Intransitive*
bränna (2) to burn	**brinna** (4) to burn
dränka (2) to drown	**drunkna** (1) to drown
röka (2) to smoke	**ryka** (2) to smoke
väcka (2) to wake	**vakna** (1) to wake

Jan väckte mig kl.7.   Jan woke me at 7 o'clock.
Jag vaknade kl.7.   I woke at 7 o'clock.
Han röker cigaretter.   He smokes cigarettes.
Elden ryker.   The fire is smoking.
Pojken dränkte katten.   The boy drowned the cat.
Katten drunknade i ån.   The cat drowned in the river.

Here is a list of some further verbs where a distinction is necessary:

Transitive	*Intransitive*
lämna (1) to leave	**gå** (4) to leave, go, depart
kyla (2) to chill	**kallna** (1) to grow cold
ställa (2) to put, stand	**stå** (4) to stand, be standing
sätta (4) to set, place	**sitta** (4) to sit, be sitting
lägga (4) to lay, put	**ligga** (4) to lie, be lying

Vocabulary

flaska-n-or	bottle
kök-et–	kitchen
vardagsrum-met–	living room
gäst-en-er	guest
säng-en-ar	bed
sovrum-met–	bedroom

Exercise 64

Give the Swedish for:
1 Erik and Göran left at 4 o'clock.
2 Gunilla must chill the wine before the party.
3 Jan put the glasses on the table.
4 The bottles were already standing on the table.
5 He leaves the cups in the kitchen.
6 The guests were sitting in the living room.
7 The two children were lying on the bed in the bedroom.
8 The food was growing cold in the kitchen.

84 Verbs ending in '-na'

You will have noticed the relationship between **kall** 'cold' and **kallna** 'to grow cold' in the above. Many intransitive verbs may be created from adjectives by adding the suffix **-na**. All such verbs are Class 1:

blek pale	**blekna** (1)	to go pale
gul yellow	**gulna** (1)	to go yellow
blå blue	**blåna** (1)	to go blue
svart black	**svartna** (1)	to go black
ljus light	**ljusna** (1)	to grow light
mörk dark	**mörkna** (1)	to grow dark

Notice the irregularity of **röd** 'red' but **rodna** 'to blush'.

85 Past participles

The past participle in English is the part of the verb that is used to form the perfect and pluperfect tenses, and it may also be used as an adjective: 'she has *spoken*', 'he is a master of the *spoken* word'.

We have already seen (Sections 46 and 47) that the Swedish perfect and pluperfect tenses are formed by using the supine and that the supine is invariable. The Swedish past participle is closely related to the supine *but*, like other adjectives, it changes its form to agree with the gender, form and number of what it refers to.

The various forms of the past participle are as follows. Notice that they differ according to the class of verb and that the endings are added to the stem of the infinitive in the case of weak verbs (Classes 1, 2 and 3) and to the stem of the supine in the case of strong verbs (Class 4):

	Infinitive/ Supine	En-form	Ett-form	Plural and definite
1	tala	talad	talat	talade
2a	beställa	beställd	beställt	beställda
2b	köpa	köpt	köpt	köpta
3	sy	sydd	sytt	sydda
4	sjunka/sjunkit	sjunken	sjunket	sjunkna

Bilen är parkerad på gatan.   The car is parked on the street.
Gatan var full med parkerade bilar.   The street was full of parked cars.
Bordet är redan beställt.   The table is already booked.
Vi tittade på den sjunkna båten.   We looked at the sunken boat.
Stefan Edberg är mycket välkänd.   Stefan Edberg is very well-known.
De nyköpta böckerna låg på golvet.   The newly bought books were lying on the floor.
Han stod framför ett nymålat fönster.   He was standing in front of a newly painted window.

Exercise 65

Give the Swedish for:
1   They are very interested in (**av**) books.
2   The door is closed and the house is locked.

3 The written language is difficult.
4 This department store is well-known.
5 The newly painted door is already dirty.
6 The tickets are already ordered.
7 A car stood parked in front of the house.
8 He has forgotten his newly bought bicycle.

86 Passive voice

In the active voice of verbs (the form we have met so far), the subject of the clause is performing the action. In the passive voice the subject is having the action performed on it. Sometimes the clause includes an agent (the person or thing performing the action), but not always.

Active	The man drove the car.
Passive (with agent)	The car was driven by the man.
Passive (no agent)	The case was dismissed.

There are two ways of forming the passive voice of verbs in Swedish: the **bli** passive and the **s-**passive. When the agent is stated, the preposition **av** is used where English has 'by'.

The **bli** passive is formed by using the relevant tense of the verb **bli** together with the correct form of the past participle. Remember that the past participle, being an adjective, must agree with the number and gender of the subject:

Flickan blir ofta inbjuden av honom.   The girl is often invited by him.
Barnet blev inbjudet av honom.   The child was invited by him.
Flickorna har blivit inbjudna av honom.   The girls have been invited by him.
Kvinnan kommer att bli inbjuden av honom.   The woman will be invited by him.

The **s-**passive is basically formed by adding **-s** to the active form of the main verb (with a slight variation in the present tense):

Saken diskuteras.   The matter is being discussed.
Saken diskuterades.   The matter was being discussed.
Saken har diskuterats.   The matter has been discussed.
Saken ska diskuteras.   The matter will be discussed.
Saken måste diskuteras.   The matter must be discussed.

Notice that in the present tense the final **-r** is dropped in verbs of Class 1 and 3 (and those verbs of Class 4 with an infinitive resembling Class 3 e.g. **se** 'to see', **ta** 'to take'):

Han bakar brödet och hon syr kjolen.   He bakes the bread and she sews the skirt.

Brödet bakas och kjolen sys.   The bread is being baked and the skirt is being sewn.

In the present tense of verbs of Class 2 and 4 the final **-er** is dropped:

Han stänger dörren klockan sju.   He shuts the door at 7 o'clock.

Dörren stängs klockan 7.   The door is shut at 7 o'clock.

If, however, the stem of the verb ends in **-s** (**låsa** 'to lock', **läsa** 'to read') only the **-r** of the present tense is dropped:

Dörren låses.   The door is being locked.
Boken läses.   The book is being read.

87 Using the forms of the passive voice

The two forms of the passive are often used interchangeably though the **s**-passive is the more common, particularly in writing. There are, however, some differences as the following examples will show.

If the occurrence is habitual the **s**-passive is usually used:

Frukost serveras kl.8.   Breakfast is served at 8.
Lunch serveras klockan 12.   Lunch is served at 12.

If the occurrence happens only once the **bli** passive is usually used:

Min bil blev stulen igår.   My car was stolen yesterday.

If no agent is mentioned the **s**-passive is often used:

Alltför många människor skadas i trafiken varje år.   Far too many people are injured in the traffic every year.

If the agent is mentioned the **bli** passive is often used:

Hunden blev sparkad av sin ägare.   The dog was kicked by its owner.

The s-passive is all-pervasive in bureaucratic written style:

Anmälan görs på särskild blankett som fås på och lämnas direkt till institutionen. Application is made on a special form which is obtained from and handed in to the department.

The passive voice with no agent mentioned may often be avoided in Swedish by using constructions with the impersonal pronoun **man**:

Man äter mycket fisk i Sverige. A lot of fish is eaten in Sweden.

88 Deponent verbs

A number of Swedish verbs always occur in the **s**-form. These are the so-called deponent verbs: verbs that have a passive form but an active meaning.

Jag hoppas att han kommer till Stockholm. I hope that he comes to Stockholm.
De trivdes i Sverige. They liked it in Sweden.

Here is a list of some of the most common deponent verbs.

andas (1)	to breathe
finnas (4)	to be, to exist
hoppas (1)	to hope
kräkas (2)	to vomit
lyckas (1)	to succeed
låtsas (1)	to pretend
minnas (2)	to remember
synas (2)	to appear
trivas (2)	to feel at home, like it
tyckas (2)	to seem
umgås (4)	to go round with, be friendly with
åldras (1)	to age

A number of the deponent verbs are 'modal equivalents' and are therefore not followed by **att** in two-verb constructions (see Section 73). These verbs are: **hoppas, lyckas, låtsas** and **tyckas**.

Han lyckades bli rik men han låtsades vara fattig. He succeeded in becoming rich but he pretended to be poor.

89 Reciprocal use of the s-form

With certain verbs the s-form may be used to include the idea of
'each other'. This, clearly, can only be done when the verb is being
used in the plural:

Ni träffades i London, eller hur? You met each other in
London, didn't you?
Har vi inte setts förut? Haven't we seen each other before?
De kysstes hela kvällen. They were kissing each other all
evening.

'Each other' can also be expressed literally by using **varandra**:

De kysste varandra hela kvällen. They were kissing each other
all evening.

CONVERSATION

Före festen
Before the party

Hans **Jag hoppas att det blir trevligt på festen ikväll! Det är
inte så ofta vi träffas allihopa nu för tiden. Jag har
t.ex. inte träffat Kalle och Margareta på år och dag.** I
hope it's going to be nice at the party tonight. It isn't very
often the whole lot of us meet each other nowadays. I
haven't, for instance, met Kalle and Margareta for years
and years.

Eva **Det blir säkert trevligt, men det är mycket som ska göras
innan dess. Vinet ska kylas, maten ska lagas och bordet
ska dukas.** It's sure to be nice, but there is a lot to be
done before then. The wine is to be cooled, the food to be
prepared and the table to be laid.

Hans **Om någonting ska diskas, kan du säga till mig. Du vet att
jag älskar att diska.** If there is anything to be washed up,
you can tell me. You know that I love washing up.

Eva **Tack, men det behövs nog inte. Däremot ska potatisen
skalas och en massa konservburkar ska öppnas. Det
kanske du kan göra?** Thanks, but that probably won't be
needed. On the other hand there are the potatoes to be
peeled and a heap of tins to be opened. You can do that
perhaps?

Hans **Javisst, det gör jag gärna. Kommer Karin och Jonas ikväll? I så fall måste vi laga en rätt utan kött också, för de är vegetarianer. Någonting med räkor blir säkert uppskattat.** Certainly, I'll gladly do that. Are Karin and Jonas coming this evening? In that case we'll also have to make a dish without meat as they are vegetarians. Something with prawns will undoubtedly be appreciated.

Eva **Karin och Jonas kommer tyvärr inte. De väntar på att deras hus ska bli sålt och just ikväll kommer det ett äldre par för att titta på huset.** Unfortunately, Karin and Jonas are not coming. They are waiting for their house to be sold and there is an elderly couple coming to look at the house this very evening.

Hans **Vad synd! Jag hade tänkt prata med Jonas om hans nya uppfinning. Det sägs att han har uppfunnit en tänkande cykel.** What a pity! I was intending to talk to Jonas about his new invention. He is said to have invented a thinking bicycle.

Eva **Och det tror du på! Nej, nu måste vi sätta igång. Maten ska serveras klockan sju.** And you believe that! Well, now we must get going. The food is to be served at 7 o'clock.

Hans **Men Pelle och Helena kommer väl?** But Pelle and Helena are surely coming?

Eva **Ja, Pelle kommer. Tyvärr kommer inte Helena, för hon ska opereras imorgon bitti. Det är ingenting allvarligt, men Pelle är mer nervös för operationen än Helena så han behöver nog underhållas lite extra ikväll.** Yes, Pelle is coming. Unfortunately Helena is not coming as she is to be operated on tomorrow morning. It's nothing serious, but Pelle is more nervous about the operation than Helena so he certainly needs to be entertained a little bit extra this evening.

Hans **Stackars Pelle! Nej, det här duger inte. Här ska arbetas!** Poor Pelle! Heavens, this won't do. There's work to be done here!

Efter festen
After the party

Eva **Vad varmt det blev ikväll! Innan vi öppnade fönstret, var det så varmt att jag nästan inte kunde andas.** How hot

it was this evening! Before we opened the window it was so
hot that I almost couldn't breathe.

Hans   **Men vilken lyckad fest! Alla verkade trivas. Och själv**
        kan jag inte minnas att jag någonsin haft så roligt!   But
        what a successful party! Everyone seemed to like it. And as
        for myself I can't remember ever having had such fun!

90 Grammar and idioms in the conversation

(a)   **nu för tiden (nuförtiden)** 'nowadays'. A small number of
      common words in Swedish sometimes appear as separate
      words and sometimes compounded. These are mainly
      prepositional phrases in the process of becoming 'words'.
      Other examples are: **i dag/idag, i morgon/imorgon, i kväll/**
      ikväll.

(b)   **t. ex. (till exempel)** 'for example'. Written Swedish frequently
      uses abbreviations; in speech, however, the full forms are
      pronounced. Among the most common abbreviations are:

bl.a. (bland annat/andra)	among others
ca (cirka)	approximately
dvs. (det vill säga)	that is to say, i.e.
el.dyl. (eller dylikt)	or the like
e.Kr. (efter Kristus)	AD
f.Kr. (före Kristus)	BC
em. (eftermiddag)	pm
fm. (förmiddag)	am
enl. (enligt)	according to
f.d. (före detta)	ex-, former
fr.o.m. (från och med)	from and including
ggr (gånger)	times
hr (herr)	Mr
inkl. (inklusive)	including
jfr (jämför)	compare
kl. (klockan)	o'clock
kr. (kronor)	kronor
nr (nummer)	number
obs! (observera)	NB
omkr. (omkring)	approximately
osv. (och så vidare)	etc.
p.g.a. (på grund av)	because

s:a (summa)	total
s.o.h. (söndagar och helgdagar)	Sundays and Bank Holidays
st. (styck)	each
tfn (telefon)	telephone
t.h. (till höger)	to the right
t.v. (till vänster)	to the left
t.o.m. (till och med)	even
tr. (trappa)	floor

(c) **potatis-en-ar** Although it does have a plural form **potatis** is almost invariably used as a singular collective noun:

Skulle du vilja ha potatis? Would you like to have potatoes?
Jag tycker mycket om färsk potatis. I really like new potatoes.

Du äter för mycket potatis. You eat too many potatoes.

(d) **en massa konservburkar** Remember (Section 32) that nouns of amount, whether general or specific, are not followed by 'of':

ett kilo ost	a kilo of cheese
två liter bensin	two litres of petrol
ett glas mjölk	a glass of milk
en flaska vin	a bottle of wine

(e) **just ikväll** 'this very evening'. Swedish **just** is something of a 'false friend' for English speakers since it can only mean 'precisely', 'exactly' and can never mean 'only':

just det	exactly that, precisely so
bara du och jag	just (only) you and me

(f) **ett äldre par** 'an elderly couple'. This is an example of an absolute comparative – that is, the comparative adjective is being used to indicate 'fairly' without any true comparison being made:

en mindre stad a smallish town
en större summa pengar a largish sum of money

(g) **att jag någonsin haft så roligt** It is quite common for the auxiliary **har** to be left out of subordinate clauses.

Exercise 66

Using the s-passive, give the Swedish for:
1 The letter was sent yesterday.
2 Their house has already been sold.
3 Helena will be operated on next Tuesday.
4 The potatoes must be peeled before 5 o'clock.
5 The bicycle was invented a hundred years ago.

Exercise 67

Using the bli-passive, give the Swedish for:
1 Bengt and Karin were also invited to the party.
2 The prawns will not be appreciated by Karin.
3 The tins have not been opened.
4 The wine was never ordered.
5 Helena is often kissed by Pelle.

Exercise 68

Rewrite the following sentences using the reciprocal s-form instead of
varandra:
1 De träffade varandra på festen.
2 Vi ser varandra nästan varje dag.
3 Ni ska väl träffa varandra nästa vecka?
4 Varför måste ni kyssa varandra hela tiden?
5 Hur länge är det sedan vi såg varandra?

Vocabulary to Lesson 11

allihopa	all, the whole lot	**blåna** (1)	to go blue
alltför	all too	**bränna** (2)	to burn (*trans*)
allvarlig	serious	**burk-en-ar**	tin, can
andas (1)	to breathe	**cirka**	approximately
anmälan–	application,	**direkt**	direct
	announcement	**diska** (1)	to wash up
av	by, of	**diskutera** (1)	to discuss
bland	among	**dränka** (2)	to drown (*trans*)
blankett-en-er	form	**drunkna** (1)	to drown
blek	pale		(*intrans*)
blekna (1)	to go pale		

duga (4 **duger,** **dög, dugt**)	to be fitting, good enough	**mörkna** (1)	to grow dark
duka (1)	to lay (table)	**nervös**	nervous
dylik	of that sort, the like	**nummer, numret –**	number
däremot	on the other hand	**nästan**	almost
eld-en-ar	fire	**observera** (1)	to observe, to note
enligt	according to	**omkring**	about, around
extra	extra, more	**operation-en-er**	operation
finnas (4)	to be, to exist	**operera** (1)	to operate
flaska-n-or	bottle	**potatis-en-ar**	potato
framför	in front of	**rodna** (1)	to blush
färsk	fresh, new	**rolig**	fun, entertaining
grund-en-er	reason, basis	**ryka** (2)	to smoke
gulna (1)	to go yellow		(*intrans*)
gäst-en-er	guest	**räka-n-or**	prawn, shrimp
helgdag-en-ar	bank holiday	**sak-en-er**	matter, thing
höger	right	**själv**	self (myself,
inbjuda (4 **bjuder, bjöd,**	to invite		yourself etc.)
bjudit)		**skada** (1)	to injure, damage
inklusive	including	**skala** (1)	to peel
innan dess	before then	**sovrum-met–**	bedroom
institution-en-er	university department	**sparka** (1)	to kick
jämföra (2)	to compare	**styck**	(a)piece, each
kallna (1)	to grow cold	**ställa** (2)	to put, stand
kilo-t–	kilo	**summa-n-or**	total, sum
konserv-en-er	tinned or bottled food	**svartna** (1)	to go black
		synas (2)	to appear
Kristus	Christ	**säng-en-ar**	bed
kräkas (2)	to vomit	**särskild**	special
kyla (2)	to chill	**sätta igång** (4 **sätter, satte,**	to start, get going
kök-et–	kitchen	**satt**)	
laga (1)	to prepare, fix, mend	**trafik-en**	traffic
liter-n–	litre	**trappa-n-or**	staircase
ljus	light	**trivas** (2)	to feel at home, like it
ljusna (1)	to grow light	**tyckas** (2)	to seem
lyckad	successful	**umgås** (4)	to go round with, be
lyckas (1)	to succeed		
låtsas (1)	to pretend	**underhålla** (4 **håller, höll,**	to entertain, amuse
lämna (1)	to hand (to), to leave	**hållit**)	
massa-n-or	lot, mass, crowd	**uppfinna** (4 **finner, fann,**	to invent
minnas (2)	to remember	**funnit**)	
människa-n-or	person (*pl* people)	**uppfinning-en-ar**	invention
		uppskatta (1)	to appreciate
mörk	dark	**vakna** (1)	to wake (*intrans*)

vardagsrum-met–	living room	**väcka** (2)	to wake (*trans*)
vegetarian-en-er	vegetarian	**vänster**	left
verka (1)	to seem, give the impression	**å-n-ar**	river
		åldras (1)	to age
vidare	further	**ägare-n–**	owner

Lesson 12

91 'Either . . . or', 'neither . . . nor', 'both . . . and'

Antingen . . . eller 'either . . . or':

Han vill antingen resa till Malmö eller till Lund. He wants to go either to Malmö or to Lund.

If the statement starts with **antingen** there must be inversion:

Antingen reser han till Malmö eller till Lund. He is either going to Malmö or to Lund.

Varken . . . eller 'neither . . . nor':

Hon vill varken äta eller dricka. She will neither eat nor drink.

Både . . . och 'both . . . and':

Hon vill både äta och dricka. She wants both to eat and to drink.
Både Karin och Gunilla var på festen. Both Karin and Gunilla were at the party.

Note carefully that when it is just 'both' as opposed to 'both . . . and' the form must be the plural **båda**:

Båda kvinnorna var på festen. Both the women were at the party.

92 'All' and 'whole'

All (allt, alla), allting 'all', 'everything':

Just as in English, the noun following **all** may or may not be accompanied by the definite article or a possessive word:

Han köpte all maten. He bought all the food.
Allt hopp är ute! All hope is gone!
Han gjorde av med alla sina pengar. He spent all his money.

Allt and **allting** standing alone mean 'everything' and are synonymous:

Hon säger att hon vet allt om Spanien. She says she knows everything about Spain.

Alla standing on its own means 'everyone' but remember that it is formally plural and thus any adjective that goes with it will have to be plural:

Alla tycker om henne. Everyone likes her.
Alla är så glada idag. Everyone is so happy today.

When English 'all' can be replaced by 'whole', Swedish will use **hel**:

Han bodde där ett helt år. He lived there for a whole year.

When the definite form **hela** is used the noun will take *only* the end-article:

Han satt och läste hela dagen. He sat reading all day.

93 'Man', 'en', 'ens'

The very common general pronoun **man** ('one', 'you', 'they', 'people') can only be used as a subject. The object and possessive forms, which are much less common, are respectively **en** and **ens**:

Man måste arbeta för att tjäna pengar. One has to work in order to earn money.
Det kan hända att polisen stoppar en för att kontrollera ens körkort. It might happen that the police stop one in order to check one's driving licence.

The possessives **sin, sitt, sina** operate with **man** in exactly the same way as with **han** etc. (see Section 52):

Man älskar sina barn. One loves one's children.

94 'What sort of . . .?'

The expression **vad . . . för (en/ett) . . .?** 'what sort of (a) . . .?' is not affected by gender or number.

Vad köpte du för ost?   What sort of cheese did you buy?
Vad har du för bil nu?   What kind of car have you got now?

95 'Ones'

Swedish uses the adjective alone in most situations where English substitutes 'one(s)' for the missing noun. The adjective must agree with the gender and number of the noun it is standing in for:

Ska jag ta den svarta kjolen? Nej, ta den vita.   Shall I take the black skirt? No, take the white one.
Lindbergs har en grön bil och en röd.   The Lindbergs have a green car and a red one.
Gamla människor är klokare än unga.   Old people are cleverer than young ones.

Sådan (sådant, sådana) 'such' may be used with a noun (but the position of the indefinite article differs from English):

Jag har aldrig läst en sådan bok förr.   I have never read such a book before.
Min fru tycker inte alls om sådana böcker.   My wife doesn't like such books at all.

It may also be used without a noun and then has the sense 'one(s) like that' or 'such things' or 'the like':

Vilket fint hus! Jag skulle vilja ha ett sådant!   What a fine house! I should like one like that!
Sådant tolereras inte här!   Such things will not be tolerated here!

96 'Utan' and 'utom'

Utan can be a preposition meaning 'without':

Han kommer alltid utan pengar.   He always comes without money.

It can also be a conjunction meaning 'but' (Section 43). It should be used instead of **men** only when the preceding clause is negative *and* when the **utan** clause contradicts it:

Hans bil är inte gammal utan ganska ny.   His car is not old but quite new.

Compare this with a statement without any contradiction:

Hans bil är inte gammal men den är rostig.   His car is not old but it is rusty.

Utom is a preposition meaning 'but' in the sense of 'except':

Alla utom Jan var på festen.   Everyone apart from Jan was at the party.

Exercise 69

Give the Swedish for:
1 He did everything he could (in order) to help.
2 Both Mum and Dad were sitting in the living room.
3 The whole school hoped that he would win.
4 Such things often happen in a big town.
5 They say that he invented both the bicycle and the car!
6 He often goes to the cinema without his wife.
7 What sort of bicycle did you buy?
8 She can neither speak nor write Finnish.
9 We have read all his books but one.
10 They are not young but they are happy.
11 Which table shall I buy? Take the big one.
12 Everyone blushed when they saw that photo.

97 Some problem verbs

(a) English 'ask' may be translated by either **be** or **fråga** depending on the meaning. **Be** (4, **ber, bad, bett**) means 'to ask for', 'to ask someone to do something', 'to request':

Hon bad mig om hjälp.   She asked me for help.
Vi bad honom göra det.   We asked him to do it.

Fråga (1) is 'to ask a question', 'to enquire':

Jag ska fråga expediten.   I'll ask the assistant.

(b)   English 'know' may be translated by **veta, känna** or **kunna.**
Veta is 'to know facts', 'to have information':

Hon vet en hel del om den svenska historien.   She knows a
good deal about Swedish history.
Vet du, om han tänker komma till festen?   Do you know if
he intends coming to the party?

Känna is 'to know people':

Känner du Åke Lindberg?   Do you know Åke Lindberg?

Kunna is 'to know languages and subjects', 'to have learned':

Han kan franska, tyska och spanska.   He knows French,
German and Spanish.

**Jag vet att du känner Åke Lindberg som kan franska, tyska
och spanska.**   I know that you know Åke Lindberg, who
knows French, German and Spanish.

(c)   English 'live' may be either **bo** or **leva** (2). **Bo** is 'to be
resident', 'to dwell':

Lindbergs bor i södra Sverige.   The Lindbergs live in
southern Sweden.

Leva is 'to be alive', 'to live a . . . life':

Gustav Vasa levde på 1500-talet.   Gustav Vasa lived in the
16th century.
Nu lever de lyckliga och älskar varandra.   Now they live a
happy life and love each other.

(d)   English 'think' may be **tro, tycka** or **tänka. Tro** is 'to believe':

Jag tror att jag håller på att bli sjuk.   I think I'm going to be
ill.

Tycka is 'to hold a personal opinion', 'to feel', 'to reckon':

Gunilla tyckte att Erik var en charmig ung man.   Gunilla
thought that Erik was a charming young man.
Tycker du inte att Sverige är ett vackert land?   Don't you
think that Sweden is a beautiful country?

Tänka is 'to ponder', 'to intend':

Vad tänker du göra i morgon? What are you thinking of doing tomorrow?
Jag kan inte tänka när du pratar! I can't think when you are talking!

(e) English 'want' may be followed by either a verb or a noun: 'I want to go to America'; 'I want that car'. **Vilja**, however, is almost invariably followed by a verb so English 'want' + noun should be translated by **vilja ha**:

Hon ville resa till Amerika men han ville ha en ny bil. She wanted to go to America but he wanted (to have) a new car.

(f) English 'have' may be used among many other things to mean 'to eat', 'to drink', 'to receive', 'to be compelled to'. Each needs a different rendering in Swedish:

äta: Ska vi äta frukost idag? Shall we have breakfast today?
dricka: Han drack två flaskor vin på festen. He had two bottles of wine at the party.
få: Jag har inte fått ditt brev än. I haven't had your letter yet.
måste: Du måste köpa hans senaste bok. You have to buy his most recent book.

(g) English 'get' may mean 'to receive', 'to arrive' or 'to become'. Swedish will use different verbs:

få: Jan fick en bil, en båt, en boll och en bok. Jan got a car, a boat, a ball and a book.
komma: Hur dags kommer vi till Kiruna? What time do we get to Kiruna?
bli: Jag vill inte bli arg! I don't want to get angry!

Exercise 70

Give the Swedish for:
1 Shall we go and have lunch somewhere?
2 He asked me to buy the train tickets.
3 They thought Sweden was more beautiful than France.
4 When I get to America I intend to be rich.
5 I know him and I knew his father.

6 He thinks the shops are closed today.
7 The little boy wanted everything in the shop.
8 We'll have to think about it.
9 Ask that man if he knows where Kungsgatan is.
10 I thought it was Bergman's most boring film.

Exercise 71 and Reading Text

Read this text with the help of the vocabulary list. Then read Section 98. Finally, translate the text into English. (A fairly literal translation is provided in the key.)

allt mer	more and more
kasta (1)	to throw
föreställning-en-ar	performance
ensam	alone
bestämma (2)	to decide
snabb	quick
stund-en-er	short time, while
i fall	in case, if
kamrat-en-er	friend
skylla på (2)	to make an excuse that, blame
upptagen	busy
ibland	sometimes
tvungen	forced, compelled
föredra (4, **drar, drog, dragit**)	to prefer
själv	(by) my, your, him, herself etc.
förskingra (1)	to embezzle
märka (2)	to notice
just det att	the very fact that
tillsammans	together
hemlighet-en-er	secret, secrecy
smita (4, **smiter, smet, smitit**)	to sneak, skive, clear off
poäng-en-er	point (here 'bonus', 'plus')
tystnad-en-er	silence
ensamhet-en	loneliness
mörker, mörkret	darkness

160

ljus-et–	light
ridå-n-er	curtain (in theatre)
släcka (2)	to extinguish
ro-n	peace, calm
lättnad-en	relief
måne-n-ar	moon

Jag hade börjat gå allt mer på bio. Ofta kastade jag mig på cykeln efter skolan och åkte ner till någon biograf som hade eftermiddagsföreställning. Jag gick alltid ensam. Jag kunde titta i tidningen på morgonen och bestämma vad jag skulle se. Sedan tänkte jag i skolan ut den snabbaste cykelvägen genom staden så att jag skulle hinna den korta stunden mellan det att skolan slutade och filmen började. I fall någon av mina skolkamrater frågade om vi skulle göra någonting på eftermiddagen skyllde jag på att jag var upptagen. Ibland sade jag att jag var tvungen att åka till farmor för att hjälpa henne med något. Jag föredrog att gå själv på bio.

För att få pengar till bion förskingrade jag från min bankbok eller stal av mamma. Hon märkte aldrig någonting. I alla fall undrade hon aldrig vad jag gjorde på eftermiddagarna. Skulle mamma bort en kväll hann jag ner på en kvällsföreställning också. Men oftast var det på eftermiddagarna jag gick. Just det att alla andra människor var på sina arbeten eller att mina kompisar var ute tillsammans och gjorde något, medan jag själv i hemlighet smet in på en bio var en poäng i sig. Tystnaden och ensamheten i mörkret när ljusen framme vid ridån släcktes gav mig ro och lättnad.

From *Månen vet inte* by Niklas Rådström (1990).

98 Grammar and idioms in the text

(a) **allt mer** 'more and more'. Where English uses repetition of the comparative Swedish uses **allt**:

allt bättre   better and better
allt fortare   more and more quickly

(b) **Ofta kastade jag mig på cykeln** ... Notice that **cykeln** has the definite article rather than the possessive 'my' that English uses. In the case of parts of the body, clothing and possessions whose ownership is quite clear from the context, Swedish prefers the definite article to the possessive:

Ta av dig överrocken! Take off your overcoat!
Hon tvättade händerna. She washed her hands.

(c) **Jag kunde titta i tidningen** . . . Notice the use of **kunna** to cover 'might', 'might happen to'.

(d) The adverbs **sedan** and **då**, both meaning 'then', have to be distinguished: **sedan** means 'then', 'next', 'after that' whereas **då** means 'then', 'at that time'.

(e) **Hinna** 'to manage to . . .', 'to have time to . . .' is very commonly used without any completing verb:

Han hann inte till tåget. He didn't manage (to catch) the train.
Jag hinner inte. I haven't got time (to do whatever it is).

Another of the English senses of 'manage' i.e. 'have the strength to', 'have the energy to' is covered by Swedish **orka** (1) which is also frequently used without a completing verb:

Han orkade inte lyfta pianot. He didn't manage to lift the piano.
Orkar du? Do you have the energy?

(f) . . . **den korta stunden mellan det att skolan slutade och filmen började.** Notice the construction here. The natural English would be to use '-ing' forms: 'between school finishing and the film starting'. That, however, would not make natural Swedish (see Section 51).

Mellan alone is the preposition of time or place meaning 'between':

Han satt mellan Erik och Gunilla. He sat between Erik and Gunilla.
Lunch serveras mellan kl.12 och kl.2. Lunch is served between 12 o'clock and 2 o'clock.

When a conjunction is needed, however, the expanded form **mellan det att** ('between the time when . . . and . . .') must be used.

The preposition **efter** ('after') causes a similar problem for English speakers. English 'after' can be both a preposition and a conjunction:

Preposition He arrived after 6 o'clock.
Conjunction We left after he had arrived.

Swedish **efter** can only be a preposition and the expanded form **efter det att** is the conjunction:

Preposition **Han kom efter kl.6.**
Conjunction **Vi gick efter det att han hade kommit.**

Sedan may also be used as the conjunction 'after':

Vi gick sedan han hade kommit.

(g) **farmor** Nouns of family relationship show whether the relationship is on the maternal or the paternal side of the family.

mor, modern, mödrar	mother
mormor, mormodern, mormödrar	grandmother (mat.)
morfar, morfadern, morfäder	grandfather (mat.)
moster, mostern, mostrar	aunt (mat.)
morbror, morbrodern, morbröder	uncle (mat.)
far, fadern, fäder	father
farmor, farmodern, farmödrar	grandmother (pat.)
farfar, farfadern, farfäder	grandfather (mat.)
faster, fastern, fastrar	aunt (pat.)
farbror, farbrodern, farbröder	uncle (pat.)

This could be continued. Fortunately, 'cousin' is **kusin-en-er**.

(h) **själv** A distinction has to be made between **själv** (**självt, själva**) which is purely for emphasis and the reflexive pronouns **mig, dig, sig** etc. (see Section 31).

Han rakade sig. He shaved.
Han gjorde det själv. He did it himself.
Statsministern själv ska komma. The Prime Minister himself is coming.
Själv must agree with the noun or pronoun it refers to:

Vi har inte varit i Frankrike själva. We haven't been to France ourselves.

(i) **skulle mamma bort en kväll . . .** There are two points to notice here. Firstly, the omission of **gå**: this is not uncommon with **skola** when it is accompanied by an adverb of motion such as **bort**. Idiomatic English has similar phrases such as 'Are you off now?', 'Are you away now?' Secondly, this is a conditional clause (see Section 55) with the **om** ('if') omitted. When this is done the word order must be inverted:

**Om jag hade pengar, skulle jag resa till Afrika./Hade jag
pengar, skulle jag resa till Afrika.** If I had money, I would
travel to Africa.

This is the only situation in which inversion is possible in a
subordinate clause. The same construction is occasionally
found in English:

Were I to do that, she would be really angry.

99 Spelling

On the whole Swedish spelling offers few problems. The following
guidelines cover most of them.

Capital letters
These are used much less than in English. Use them only:

(a) At the beginning of a sentence and for the first word of a
    direct quotation: **Han sade: 'Nu ska vi gå!'**
(b) In proper names: **Åke Lindberg, Kungsgatan, Stockholm,
    Sverige.**
(c) For the first word only of a title (including books), name,
    institution etc.: **Nya testamentet, Förenta staterna, Svenska
    akademien.** There are some individual exceptions (**Sveriges
    Radio**) and street names with two elements are a consistent
    exception: **Västra Hamngatan.**
(d) **Ni** and **Er** are often still capitalised in formal letters; **Du, Dig**
    etc. are sometimes still given capitals in letters.

Doubling of 'm' *and* 'n'
The standard rule in Swedish is that a long vowel is followed by a
single consonant and a short vowel by two or more consonants.
There are, however, many words with short vowels that end in a
single **m** or **n**: **man, rum, vän, hem.**
In such words **m** or **n** is doubled when the addition of an ending
places the **m** or **n** between vowels: **man, mannen; rum, rummet;
hem, hemma.** There is no doubling when the **m** or **n** is preceded
by a long vowel: **fin, fina; tam, tama** ('tame').
Words that already contain **mm** or **nn** lose the doubling when the
addition of an ending places another consonant after them: **känna,
kände; glömma, glömde; sann, sant.**

Silent letters

In colloquial speech sounds that are written are commonly omitted at the end of a word. Particularly common are the following (with the sound omitted in brackets): da(g); de(t); go(d); ja(g); me(d); månda(g) etc; o(ch); ti(ll); va(d).

The very common adjective suffix -ig usually loses its -g in speech: roli(g); trevli(g).

A number of common words lose a middle consonant: da(ge)n; mor(g)on (*always*); nå(go)n; sta(de)n; så(da)n; vär(l)d ('world' *always*).

Variant spellings

Here are the different ways of spelling the . . .:

j [y] of ja: djur ('animal'); gjorde; Göran; hjärta; jul; ljus.
k [ch] of köpa: köra; kjol; tjugo.
sk [sh] of skicka: sju; skida; skjorta; stjärna ('star').

Spelling and pronunciation at odds

As we have noted, there are a few very common words where standard spelling and standard pronunciation do not match: mig [may]; dig [day]; sig [say]; de/dem [dom]. In informal writing these will often be found written as mej, dej, sej, dom. Remember also är [ay].

Vocabulary to Lesson 12

Afrika	Africa
akademi-en-er	academy
alls	at all
allt mer	more and more
allting	everything
antingen . . .	either . . . or
eller	
bestämma (2)	to decide
boll-en-ar	ball
både . . . och	both . . . and
charmig	charming, dashing
djur-et–	animal
ensam	alone
ensamhet-en	loneliness
farbror, **farbrodern,** **farbröder**	uncle (pat.)
farfar, **farfadern,** **farfäder**	grandfather (mat.)
farmor, **farmodern,** **farmödrar**	grandmother (pat.)
faster, fastern, **fastrar**	aunt (pat.)
föredra (4, **drar,** **drog, dragit**)	to prefer
föreställning-en **-ar**	performance

förskingra (1)	to embezzle	**ost-en-ar**	cheese
hel del (en)	a good deal	**piano-t-n**	piano
hemlighet-en-er	secret, secrecy	**poäng-en-er**	point (here
historia,	history, story		'bonus',
historien,			'plus')
historier		**ridå-n-er**	curtain (in
hjälp-en-er	help		theatre)
hopp-et	hope	**ro-n**	peace, calm
i fall	in case, if	**rostig**	rusty
ibland	sometimes	**skylla på** (2)	to make an
just det att	the very fact that		excuse that,
kamrat-en-er	friend		blame
kasta (1)	to throw	**släcka** (2)	to extinguish
klok	clever	**smita** (4 **smiter,**	to sneak, skive,
kontrollera (1)	to check	**smet, smitit**)	clear off
kusin-en-er	cousin	**snabb**	quick
körkort-et–	driving licence	**stjärna-n-or**	star
leva (2)	to live	**stoppa** (1)	to stop
ljus-et–	light	**stund-en-er**	short time, while
lättnad-en	relief	**sådan**	such
morbror,	uncle (mat.)	**ta av** (4, **tar,**	to take off
morbrodern,		**tog, tagit**)	
morbröder		**tam**	tame
morfar,	grandfather	**testamente-t-n**	testament
morfadern,	(mat.)	**tillsammans**	together
morfäder		**tjäna** (1)	to earn
mormor,	grandmother	**tolerera** (1)	to tolerate
mormodern,	(mat.)	**tvinga** (4,	to force, compel
mormödrar		**tvinger,**	
moster,	aunt (mat.)	**tvang,**	
mostern,		**tvungit**)	
mostrar		**tystnad-en-er**	silence
måne-n-ar	moon	**upptagen**	busy
märka (2)	to notice	**utom**	but, except
mörker, mörkret	darkness	**vad ... för ...**	what sort of ...
orka (1)	to manage, have	**varken ... eller**	neither ... nor
	the strength	**värld-en-ar**	world

Reading practice

Ibland brukade jag sitta och se på mina elever, när de arbetade med
någon skriftlig uppgift, och försöka gissa vad de tänkte på och vad
de längtade till. Han där, tänkte jag, sitter väl och hoppas att
fotbollsplanen skall vara torr, så att han kan sparka boll i
eftermiddag, för på fotbollsplanen är han kung. Han där tänker
antagligen på sin motorcykel, för han kör motocross på varje ledig
stund, det har han berättat i en uppsats; sedan sitter han av
skoltimmarna ungefär som ett fängelsestraff, så slö att somliga
lärare tror att han är sjuk. Hon där har huvudet fullt av
kärleksromaner. Och blondinen som sitter och pratar framför
henne tänker väl på sin kille; hon skall bli damfrisörska, så hon tror
att hon inte behöver lära sig något. I andra ansikten kunde jag bara
utläsa sömnighet eller vantrivsel och hos några en absurd iver att
bli först färdiga med övningsuppgifterna. Många var olidliga att ha
som elever, men även de lataste och grinigaste besatt en valpig
livsglädje som hängde ihop med deras ålder och som fick mig att
förlåta dem det mesta.

Sista timmen en fredag när jag satt så och funderade, stegade
rektorn in i salen. Det var en kraftig karl med buskiga ögonbryn,
som eleverna var livrädda för, och nu flög de upp i stående
ställning, som de hade blivit lärda. Han nickade kort till mig och
tog genast till orda:
– Jag ska be att få tala med den eller dom som har kastat
pappershanddukar i korridoren!

Tystnad. Han mönstrade bistert de uppskrämda ansiktena.
– Jag har vittnen som väntar utanför dörren, så det är ingen idé att
neka! Men jag vill ge den skyldige en chans att anmäla sig frivilligt.
Om vederbörande vill vara så god att stiga fram!

Ingen rörde sig.
– Nå, då får vi väl kalla in vittnena då och peka ut kraken...!
Fortfarande ingen som har kurage nog att stiga fram? Tråkigt.
Otrevlig historia det här. Jag ser mycket allvarligt på detta.

Taken from *Dagar och nätter i Paris och Göteborg* by Claes Hylinger,
1975.

Sometimes I used to sit and look at my pupils when they were working on a written exercise and try to guess what they were thinking about and what they were longing for. Him there, I thought, he is undoubtedly sitting and hoping that the football pitch will be dry so that he can kick a ball this afternoon, because he is a king on the football pitch. That one there is probably thinking of his motor-bike because he rides motocross every free moment – he told about it in an essay; then he sits out the school hours rather like a prison sentence, so listless that some teachers think he is ill. The girl there has her head full of novels about love. And the blonde who is sitting and talking in front of her is undoubtedly thinking of her boyfriend; she is going to be a ladies' hairdresser so she doesn't think that she needs to learn anything. From other faces I could only read somnolence and unhappiness, and in some of them an absurd eagerness to be the first to finish the exercises. Many of them were insufferable to have as pupils but even the laziest and most whining of them possessed a puppy-like joy in life that went with their age and which made me forgive them for most things.

In the last hour one Friday when I was sitting in this way and pondering, the headmaster strode into the classroom. He was a powerfully built man with bushy eyebrows who the pupils were terrified of, and now they all shot up into a standing position as they had been taught. He gave me a short nod and immediately started speaking:

'I should like to speak to the one or ones who have been throwing paper towels in the corridor.'

Silence. He scrutinised the terrified faces sternly.

'I have witnesses waiting outside the door, so there is no point in denying it. But I want to give the guilty one a chance to declare himself voluntarily. If the person concerned would be kind enough to step forward.'

No one moved.

'Well, then we shall have to call in the witnesses and point out the wretch . . .! Is there still no one who has the courage to step forward? Tiresome. Unpleasant business this. I take a very serious view of this.'

August Strindberg, en av de stora svenska författarna, kanske den störste, skrev en gång att det är svårt att älska Sverige. Han var mycket besviken på sitt land, som bland annat hade tvingat honom till exil.

Så han skrev att det var svårt att älska Sverige, men att man "måste försöka!"

Jag tänker på det varje gång jag får problem i det här landet, och det får jag ofta. Det är inte särskilt stora problem. Det handlar för det mesta om små vardagliga problem.

Jag förstår t.ex. inte varför det uppstår köer överallt. Om jag får för mig att köpa en korv och går ner till kiosken vid Mariatorget, där jag arbetar, då kan jag vara säker på att det redan står tre-fyra stycken framför mig.

Om jag går till banken är det samma sak, för att inte tala om posten. Köer, köer. Jag blir vansinnig och det som gör mig vansinnig är att de människor som ska betjäna de köande inte tycks ha bråttom. Snarare tvärtom. Ju fler som står i kö, desto långsammare arbetar man.

Det ser ut som om de gör det med flit. Jag har räknat ut att köandet tar ifrån mig minst två hela arbetsdagar per månad. Jag kommer hem förbannad och grälar på min svenska fru för det. Men hon låter sig inte nedslås.

Och hur är det i ditt land? säger hon och sätter i gång och påminner mig om den gången hon förlorade en hel veckas semester i fåfänga försök att inkassera en check. Och när hon till slut hade kommit fram till kassan var kassören borta eftersom det just hade utbrutit en strejk.

Eller den gången i Rom då Expressen hade skickat pengar till mig för en artikel och vi fick springa runt till femton olika banker innan vi fann en människa som ens begrep ett ord på engelska.

Så är det med allting. Jag hinner knappt öppna munnen för att höja min klagoröst förrän hon kommer med förintande motexempel. Jag blir givetvis arg och sur i synnerhet som hon har alldeles rätt.

Det kan vara svårt att älska Sverige, men man måste, som Strindberg sade, försöka. Det är när allt kommer omkring det land på jorden där vardagen är enklast. Visst kan det bli en aning enformigt ibland, visst kan man sakna de upplivande bråken men ingenstans i världen är livet lika enkelt som i Sverige.

Taken from an article by Theodor Kallifatides in the immigrant newspaper *På lätt svenska*, 24 June 1992.

August Strindberg, one of the great Swedish authors, perhaps the greatest, once wrote that it was difficult to love Sweden. He was very disappointed in his country, which, among other things, had forced him into exile.

So he wrote that it was difficult to love Sweden but that one 'must try!'

I think of that every time I get problems in this country, and I get them often. They are not particularly big problems. For the most part it is a matter of small everyday problems.

I do not understand, for example, why queues form everywhere. If I take it into my head to buy a hot dog and go down to the kiosk by Mariatorget where I work then I can be certain that three or four people will already be standing in front of me.

It is the same thing if I go to the bank, not to mention the post office. Queues, queues. I go crazy and what makes me crazy is that the people who are supposed to serve those queueing don't seem to be in a hurry. Rather the opposite. The more there are standing in the queue the slower they work.

It looks as if they are doing it on purpose. I have worked out that queueing takes at least two whole working days a month from me. I arrive home furious and pick a quarrel with my Swedish wife about it. But she doesn't let herself be crushed.

'And how is it in your country?' she says and gets going and reminds me of the time she lost a whole week's holiday with vain attempts to cash a cheque. And when she finally reached the cash desk the cashier was gone because a strike had just broken out.

Or the time in Rome when *The Express* had sent money to me for an article and we had to run round to fifteen different banks before we found one person who even understood a word of English.

That's how it is with everything. I scarcely manage to open my mouth to raise my voice in complaint before she brings up annihilating counter-examples. I, of course, get angry and sulky, particularly as she is completely right.

It can be difficult to love Sweden but one must, as Strindberg said, try. It is, when all is said and done, the country on this earth where everyday life is simplest. Certainly it can be a shade monotonous sometimes, certainly one can miss refreshing rows, but there is nowhere in the world where life is as simple as in Sweden.

Key to Exercises and Drills

LESSON 1

Exercise 1: A 1 ett 2 en 3 en 4 en 5 ett 6 ett 7 en 8 ett 9 ett 10 en 11 en 12 ett B 1 barnet 2 sjukdomen 3 fisken 4 nationen 5 problemet 6 biblioteket 7 fågeln 8 huset 9 hjärtat 10 sommaren 11 påsken 12 faktumet

Exercise 2: 1 kvinnan 2 ett apotek 3 månaden 4 jul 5 stationen 6 flickan 7 Sverige 8 en gata 9 katten 10 ett rum 11 ett museum 12 läraren

Exercise 3: 1 Han har en bil. 2 De har ett hus. 3 Jag är gammal. 4 Bilen är ny. 5 Ni har ett barn. 6 Flickan är vacker. 7 Vi har ett problem. 8 Du är ung. 9 Fågeln är ful. 10 Jag är här. 11 Han har en katt och en hund. 12 Här är stationen.

Exercise 4: 1 hösten 2 gatan 3 stationen 4 rörelsen 5 pojken 6 huset 7 läraren 8 fågeln 9 månaden 10 hjärtat 11 barnet 12 äpplet

Exercise 5: 1 Pojkar och flickor. 2 Hon har två bilar. 3 Vi har fyra barn. 4 De är kvinnor. 5 Stockholm har många gator. 6 Gatan har tio hus. 7 Jag har fem äpplen. 8 Flickan har tre katter. 9 Läraren har en hund. 10 Bilen är bra. 11 Hur många pojkar är i huset? 12 En kvinna som har många barn.

Drill 1: 1 Ja, det har jag. Nej, det har jag inte. 2 Ja, det har hon. Nej, det har hon inte. 3 Ja, det är de. Nej, det är de inte. 4 Ja, det är jag. Nej, det är jag inte. 5 Ja, det är det. Nej, det är det inte. 6 Ja, det är han. Nej, det är han inte. 7 Ja, det har de. Nej, det har de inte. 8 Ja, det har vi. Nej, det har vi inte.

Exercise 6: 1 Ja, det är de. 2 De har två barn. 3 Pojken/Han heter Erik. 4 Flickan/Hon heter Karin. 5 De har en hund. 6 Nej, hunden/den/han är gammal *or* Nej, det är han/den inte. 7 Huset/Det har fem rum. 8 Gatan/Den heter Trollbergsgatan.

Exercise 7: Eva and Gunnar are teachers in Stockholm. They have two children – a boy and a girl. The boy is called Erik and the girl is called Karin. They also have a dog which is called Bill and a cat which is called Puss. They live in a house with five rooms on Trollbergsgatan. The cat is very young but the dog is old.

LESSON 2

Exercise 8: 1 jag går 2 han jobbar 3 de tittar 4 vi åker 5 ni skriver 6 hon tror 7 du får 8 ni kommer 9 de bor 10 han är 11 hon har 12 vi köper 13 han stannar 14 jag åker 15 jag tror

Exercise 9: 1 Bussen kommer snart. 2 Vi åker till Stockholm imorgon. 3 Pojken och flickan går i skolan. 4 Hur åker du/ni till Sverige? 5 Jag åker tåg. 6 De bor i ett hus i staden. 7 Hon åker skidor i skogen idag. 8 Kvinnan jobbar på en affär. 9 Flickan kommer från Malmö. 10 Vi går på bio. 11 Han går till kontoret i staden. 12 Hur många barn åker skidor nu? 13 Han tittar på ett hus på Storgatan. 14 Pojken köper en cykel imorgon.

Exercise 10: 1 gator gatorna 2 barn barnen 3 hjärtan hjärtana 4 hus husen 5 tåg tågen 6 skidor skidorna 7 bord borden 8 höstar höstarna 9 fåglar fåglarna 10 städer städerna 11 äpplen äpplena 12 cyklar cyklarna 13 skogar skogarna 14 bibliotek biblioteken 15 stationer stationerna 16 flickor flickorna 17 bilar bilarna 18 båtar båtarna 19 varuhus varuhusen 20 skolor skolorna

Exercise 11: 1 Hur många böcker köper du? 2 Varför åker ni till Sverige? 3 Vem skriver boken? 4 Var bor kvinnan? 5 Varifrån kommer pojken?/Var kommer pojken ifrån? 6 Vad gör man? 7 Vilka flickor bor i huset? 8 Hur gammal är pojken? 9 När åker de till Stockholm? 10 Vad skriver du?

Exercise 12: 1 Idag går vi på bio. 2 På vintern åker de skidor. 3 Nu har han fem bilar. 4 Så gammal är hon inte. 5 Det tror man i Sverige. 6 I huset bor en man och en kvinna. 7 Imorgon jobbar han. 8 Svenska och engelska talar vi inte.

Exercise 13: 1 Jag jobbar med honom. 2 De tittar/ser på oss. 3 Hon hör på dig. 4 Kvinnan väntar på mig. 5 Barnen tror er. 6 Han talar med henne.

Exercise 14: 1 bussarna 2 cyklarna 3 studenterna 4 åren 5 bankerna 6 kvällarna 7 kioskerna 8 tidningarna 9 äpplena

Exercise 15: 1 titta 2 tro 3 få 4 skriva 5 höra

Exercise 16: 1 Hon/Flickan heter Gunilla. 2 Jag heter (*your name*). 3 Hon är nitton år. 4 Hon studerar engelska. 5 (Hon jobbar på banken) på måndagar och fredagar. 6 Hon går på bio eller på teater. 7 Bussen/Den stannar vid stationen. 8 Hon köper en tidning och två äpplen.

Exercise 17: It's a Friday in winter and Gunilla is travelling by bus. In the summer she often goes by bicycle but now she is too tired. And it is snowing. Gunilla is a student. She is 19 years (old) and studies English but on Mondays and Fridays she works in a bank between two and five. In the evening she often goes to the cinema or to the theatre but today she is tired. The bus stops at the station and she gets off and goes up to the news-stand. There she buys a newspaper and two apples and then she walks home. How good that it's Friday!

LESSON 3

Exercise 18: 1 barnets cykel 2 landets hotell 3 pojkarnas båtar 4 kvinnans hus 5 flickornas katter 6 skolans barn 7 husets rum 8 Sveriges skogar

Exercise 19: 1 Kör hem! 2 Kom inte imorgon! 3 Var snäll och skriv till mig! 4 Hör på mig! 5 Drick kaffe! 6 Var snäll och kom snart! 7 Studera svenska! 8 Köp en båt! 9 Titta/Se på honom! 10 Vänta på oss!

Exercise 20: 1 Gunilla vill titta/se på affärerna. 2 Vi kan åka tåg till Malmö. 3 Du/Ni får inte köpa så många böcker. 4 Jag måste skriva sju brev idag. 5 Vem vill titta/se på TV/teve? 6 De vill inte åka skidor imorgon. 7 Jag kan inte höra dig/er. 8 När får vi se honom? 9 De kan inte öppna dörren. 10 Jag vill höra på musiken.

Exercise 21: 1 Olle har en svensk cykel. 2 Gunilla bor i ett stort hus. 3 Biljetterna är för dyra. 4 Jag måste köpa några billiga stolar. 5 Sveriges huvudstad är stor. 6 Vi ser många tråkiga filmer varje år. 7 Evas lägenhet är kall. 8 Han kör en dyr svensk bil. 9 Alla tjocka böcker är tråkiga. 10 Öppna dörren! Huset är för varmt.

Exercise 22: 1 brett 2 blått 3 vått 4 lätt 5 milt 6 tunt

Exercise 23: 1 dumma 2 gamla 3 små 4 nyktra 5 säkra

Exercise 24: 1 Huset har en stor vit dörr. 2 Små barn kan inte läsa tjocka böcker. 3 Varm mat är bra när vädret är kallt. 4 De är gamla och trötta. 5 Han jobbar i ett tomt hus. 6 Britas cykel är sönder. 7 Vi har en bra lägenhet men den är för liten. 8 Han skriver tråkiga brev till många vackra flickor. 9 Stackars Erik måste studera varje dag. 10 Skolan är slut och nu är vi fria!

Exercise 25: (a) tjugofyra (b) fyrtiosju (c) trettioåtta (d) sextiofem (e) femtiotre (f) sjuttionio (g) nittiotvå (h) åttioåtta (i) tjugoen flickor (j) sextioett hotell (k) (ett)hundrafyrtiotre (l) tvåhundratrettioen dagar (m) fyrahundrasjuttioett år (n) nittonhundranittiotvå

Exercise 26: 1 det 2 den 3 den 4 den 5 det 6 det 7 det 8 det 9 den

Exercise 27: 1 Vi åker till Sverige därför att det är ett vackert land. 2 De tycker om att simma i havet. 3 Idag är han nykter men lite trött. 4 Det är inte svårt att köra i Sverige. 5 Eva parkerar bilen på en tom gata. 6 Vi kan inte gå på bio varje dag därför att biljetterna är för dyra. 7 Solen skiner och havet är blått. 8 Nu regnar det och alla är våta. 9 En gammal kvinna läser boken för en liten pojke. 10 Flickans bror vill höra på musik. 11 Det finns många breda gator i Stockholm, Sveriges huvudstad. 12 Kan du/ni förstå vad han säger? 13 Stolen är bekväm men bordet är för litet. 14 Var snäll och vänta på mig! Jag kan inte springa! 15 Filmen är lång och tråkig och hon tycker inte om den.

LESSON 4

Exercise 28: 1 betalade 2 sydde 3 följde 4 bytte 5 avskydde 6 kollade 7 växte 8 kände 9 berodde 10 lyfte

Exercise 29: 1 Hon sydde en blå klänning för två dagar sedan. 2 Göran köpte fyra vita skjortor på varuhuset. 3 Han gick hem och bytte kläder. 4 Jan tände en cigarett och läste tidningen. 5 Evas nya mössa kostade 400 kronor. 6 Eva avskydde en ny tröja som Jan ville köpa. 7 Hur mycket kostade byxorna? 8 Han ville köpa henne en kjol. 9 De kunde inte glömma flickan i affären. 10 Vi tyckte om honom så snart (som) vi såg honom. 11 Det skedde för femton år sedan. 12 Jag kunde inte höra vad han sade. 13 De älskade barn och lekte med dem varje dag. 14 Byxorna var för stora och vindjackan var för liten. 15 Jag följde henne till en restaurang.

Exercise 30: 1 den vita skjortan 2 de gamla kläderna 3 det nya hotellet 4 den röda vindjackan 5 de gula byxorna 6 den billiga bilen 7 det stora huset 8 de gröna klänningarna 9 det långa tåget 10 de stora husen

Exercise 31: 1 Var snäll och köp de där bruna skorna. 2 Den gråa regnrocken var gammal och smutsig. 3 Den lilla pojken ville köpa de röda träningsskorna. 4 Den här svarta överrocken är för liten. 5 Gunilla köpte de här dyra nya strumpbyxorna igår. 6 Långa strumpor är för varma på sommaren. 7 Den där gula blusen kostar för mycket. 8 Jag betalade 450 kronor för den här lilla vindjackan. 9 Hon köpte den där regnrocken därför att det regnade. 10 Jag vill byta de svarta skorna.

Exercise 32: 1 sig 2 oss 3 sig 4 sig 5 dig 6 sig 7 oss 8 dig 9 dig 10 er

Exercise 33: 1 Han ville köpa ett par träningsskor. 2 Han har inte råd att köpa nya byxor. 3 Han har storlek 45. 4 De kostade 799 kronor. 5 Han ville dricka en kopp kaffe.

Exercise 34:

Assistant:	Hello. What can I do for you?
Lars:	Well, I'd like a pair of trainers.
Assistant:	We have these in white and those in blue.
Lars:	They have to match the trousers. I can't afford to buy new trousers.
Assistant:	Then it's best that you take the white ones. What is your size?
Lars:	Size 45. May I try them on?
Assistant:	Please do. Do they fit?
Lars:	Yes, they are really good. What do they cost?
Assistant:	799 crowns. But the quality . . .
Lars:	Yes, yes – I'll take them anyway. May I have a bag? And where is there a good café? Now I must drink a cup of coffee . . .

Exercise 35: 1 Evas mor var inte så fattig. 2 Jan tyckte inte om läraren. 3 Han kunde inte göra det. 4 Vi kan inte förstå svenska. 5 Jag dricker inte kaffe på morgonen. 6 Vi såg honom inte på tåget. 7 Erik köpte den inte igår. 8 Du kan inte gå på teater när du vill.

Exercise 36: 1 Imorgon ska vi gå på bio. 2 Varje dag jobbar jag
på banken. 3 På kvällen åkte han hem. 4 Fem par skor köpte hon
i Stockholm. 5 För femton år sedan bodde ni i Sverige.

LESSON 5

Exercise 37: (a) 1 (kl.) tretton och tjugofem 2 (kl.) sjutton och
tio 3 (kl.) ett och fyrtio 4 (kl.) sex och trettiofem 5 (kl.) tio noll
fem 6 (kl.) tolv och femton 7 (kl.) arton och femtiofem 8 (kl.) tre
och femtio (b) 1 fem (minuter) över två 2 halv ett 3 kvart i åtta
4 tio (minuter) i elva 5 fem (minuter) i halv fyra 6 kvart över sju
7 fem (minuter) i nio 8 fem (minuter) över halv fyra

Exercise 38: 1 Hans skjorta är svart. 2 Våra studenter är unga.
3 Skorna är mina. 4 Hennes hatt är för stor. 5 Böckerna är våra.
6 Regnrocken är hennes. 7 Ert hus är gammalt. 8 Deras hund är
vit. 9 Mina fötter är små. 10 Det är hennes kjol.

Exercise 39: 1 Vill du/ni köpa deras gamla kläder? 2 Hans lilla
pojke tittar på TV. 3 De där böckerna är mina och de här
böckerna är dina. 4 Jag tycker inte om hennes vita klänning. 5
Vår gamla skola var för liten. 6 Kan du/ni se mina röda byxor? 7
Det stora rummet är hennes och det lilla rummet är hans. 8 Jag
kan inte läsa deras långa brev idag. 9 Min gröna regnrock kostade
100 kronor. 10 Hon tittade på Görans gula vindjacka. 11 Var är
flickans nya cykel? 12 Den där kvinnans svenska bil är till salu.

Drill 2: 1 Jo 2 Ja 3 Jo 4 Jo 5 Ja 6 Jo 7 Ja 8 Jo

Exercise 40: 1 ljög 2 försvann 3 sken 4 njöt 5 teg 6 dög 7
bröt 8 vann 9 hann 10 rev 11 for 12 bar

Exercise 41: 1 Karin skrev ett långt brev. 2 Solen sken och
vädret var vackert. 3 Olof var lärare i Malmö. 4 Pojkarna sprang
till stationen. 5 Hon försvann klockan halv sju. 6 Han var socialist
men nu är han katolik. 7 Pär sjöng för oss. 8 De sjöng alltid när
de söp/drack. 9 Den unga engelsmannen teg. 10 Jag ville komma
men jag hann inte.

Drill 3: 1 Det är Jan som åker till Sverige. 2 Det var hon som
köpte böcker. 3 Det var pojken som sprang hem. 4 Det är Anna
som tycker om barn. 5 Det är jag som kan komma imorgon. 6
Det var Lars som söp. 7 Det var vi som gick på bio igår. 8 Det
var han som sjöng. 9 Det var hon som vann. 10 Det är Göran som
ljuger.

LESSON 6

Exercise 42: 1 Han sade att han inte kunde förstå svenska. 2 Han sade att hon inte tyckte om honom. 3 Han sade att de gärna skulle gå på bio. 4 Han sade att hon kanske var lite för gammal. 5 Han sade att biljetterna ofta kostade för mycket. 6 Han sade att de sällan köpte sprit. 7 Han sade att Lars hellre ville bo i Malmö. 8 Han sade att jag kanske måste studera i Sverige.

Exercise 43: 1 Eftersom de har pengar, äter de middag på en restaurang. 2 Innan vi flyttade till Göteborg, bodde vi i Malmö. 3 När hon gick på bio, träffade hon honom ofta. 4 Att du inte tycker om romaner, vet jag. 5 Medan ni är i Sverige, ska ni inte köpa nya kläder. 6 Varför du jobbar så mycket, förstår jag inte. 7 Om du åker buss, kostar biljetten bara 5 kr. 8 Eftersom det regnar, ska vi stanna hemma idag.

Exercise 44: 1 Du/Ni måste köpa de där nya kläderna, innan affärerna stänger. 2 Berit är tolv år (gammal) men mycket liten. 3 Hon pratade/talade för mycket, medan hon var här. 4 Vi gick på teater, fast(än) biljetterna var mycket dyra. 5 Öppna dörren, innan du/ni går in. 6 Jag förstår, att han inte vill studera svenska. 7 De två männen väntade, tills bussen kom. 8 Hon vill skriva brevet, innan hon talar med dig/er. 9 Jag skulle köpa en mycket stor bil, om jag hade pengar. 10 Barn är aldrig glada, när solen inte skiner.

Exercise 45: 1 Jonas har sett flickan i affären. 2 Han har skrutit om den nya bilen. 3 Jag har inte förstått vad han har sagt. 4 Hon har arbetat på en bank i staden. 5 De har köpt varma kläder till vintern.

Exercise 46: 1 Eva hade parkerat bilen på en bred gata. 2 Hon hade inte vetat att Johan hade varit hemma. 3 De hade bott i en liten lägenhet i Göteborg. 4 Man hade börjat servera lunch kl.12. 5 Han hade lagt böckerna på bordet och gått ut.

Exercise 47: 1 Niklas har skrivit många böcker. 2 Har du/ni talat med min dotter? 3 Hur hade hon kommit till Stockholm? Hon hade åkt tåg. 4 Det var han som hade gjort det. 5 Hon hade sett många vackra städer när hon var ung.

LESSON 7

Exercise 48: 1 Hon satt i stolen och lyssnade på nyheterna. 2 De tycker om att köpa gamla möbler. 3 Anders läste en spännande ny roman. 4 Att åka skidor är mycket bra motion. 5 Han vet överraskande mycket om konst. 6 Vi skrev ett brev i stället för att ringa till dem. 7 Hon var mycket intresserad av att höra om mitt liv. 8 Den nya ordföranden är mycket tråkig. 9 Han slutar aldrig att prata. 10 Har du/ni någonsin hört en hund som sjunger? 11 Soldaterna kom marscherande in i staden. 12 Att åka tåg utan att betala är brottsligt. 13 Vi måste avskaffa det nuvarande systemet. 14 Jag kan se många fåglar som sitter i trädet. 15 Hon säger, att hon inte tycker om att köra.

Exercise 49: 1 hennes 2 deras 3 sin 4 hennes 5 sin 6 hennes 7 deras 8 deras 9 sin 10 sin 11 hennes 12 hans

Exercise 50: 1 Hon och hennes man reste/åkte till Kiruna för ett par dagar sedan. 2 Han och hans fru talade om sina barn. 3 Flickan har glömt sina böcker. 4 Han tycker, att hans kostym är för gammal. 5 Han har sålt sin båt till sin vän. 6 Hans fru tycker om att göra av med pengar. 7 De skryter om sina rika släktingar. 8 Hon avskyr sin lärare därför att hans lektioner är tråkiga. 9 De kan inte komma ihåg hennes telefonnummer. 10 Hon skriver till sin dotter varje vecka.

Exercise 51: 1 Han skulle vara lycklig om han hade en son. 2 Vi tänker sälja vår båt. 3 Jag ska plugga imorgon. 4 Det kommer att regna snart. 5 Pojkarna reser/åker till England imorgon.

LESSON 8

Exercise 52: 1 sextiofjärde 2 tjugosjunde 3 den tredje maj nittonhundraåttionio 4 elfte 5 femtonhundratalet 6 artonhundratjugosju 7 trettiotalet 8 fredagen den tjugoandra juli 9 hundratrettioandra 10 torsdagen den tolfte 11 sjuttonhundrafyrtiotre 12 artonhundrasjuttiotalet

Exercise 53: 1 den 23/tjugotredje juli 1992 2 (i) tre veckor 3 på sommaren/på somrarna 4 nästa vecka 5 i söndags 6 för femton år sedan 7 på fyra år 8 på lördag 9 före kl.6/klockan sex 10 två gånger i veckan 11 om två veckor

Exercise 54: 1 Jag ska vara i Sverige från den tionde/10 till den femtonde/15 oktober. 2 Han drack kaffe åtta gånger om dagen. 3

Ingrid har inte bott i Göteborg på två år. 4 Göran jobbade som journalist i tio månader. 5 De var ledsna att de måste åka hem om en vecka. 6 Soldaterna marscherade dit på fyra timmar. 7 Eva och Jan ska gifta sig nästa vecka. 8 Vi gjorde av med för mycket pengar i julas. 9 Han sålde sin bil i tisdags kväll. 10 Tisdagen den fjärde/4 januari var en stor dag i hans liv. 11 Karin är född 1983. 12 Tage Erlander var statsminister på 1960-talet. 13 Vi kan läsa den här tidningen på fem minuter. 14 De vill köpa biljetter till imorgon kväll. 15 Kristina tycker om att sitta i trädgården på morgonen/morgnarna.

LESSON 9

Exercise 55: 1 Jag såg några intressanta filmer i London. 2 Ingen såg honom men någon måste ha hört honom. 3 Ingenting händer i den här staden. 4 Hon har inte träffat någon i Göteborg. 5 Vi måste göra någonting innan hon kommer. 6 Jonas ska inte köpa några kassetter denna vecka. 7 Han säger att han inte har stulit några bilar. 8 Hon sade att hon inte hade någonting i huset. 9 Jag vill inte gå någonstans idag. 10 Han ville inte träffa några nya vänner. 11 Jag skulle vilja ha lite bröd och lite öl. 12 Ingen intelligent kvinna tror det.

Exercise 56: 1 Gävle ligger söder om Söderhamn men norr om Uppsala. 2 Han har varit inne hela dagen men nu är han ute. 3 Det är troligen en mycket dålig bok. 4 Det har varit en ovanligt varm dag idag. 5 Skogarna i västra och norra Sverige är jättestora. 6 Lyckligtvis hade vi redan köpt biljetter. 7 Hennes unga dotter dansar vackert. 8 Jag tycker inte om att köra söderut när solen skiner. 9 De drack kaffe ute i trädgården. 10 Vart cyklar du/ni i kväll?

Exercise 57: 1 Det är varmare i år än i fjol/förra året. 2 Henrik jobbar på det största kontoret i staden. 3 Jag har en yngre bror och en äldre syster. 4 Den här affären är dyrare än den där. 5 De här bakelserna är godast. 6 Vi har aldrig läst en mer spännande roman. 7 Vintrarna i norra Sverige/Nordsverige är kallast. 8 De minsta männen har de längsta bilarna. 9 Min mor ser mycket yngre ut än min far. 10 Han kysser fler flickor än jag. 11 Det här är den längsta gatan i Lund. 12 Den rikaste mannen bor i det vackraste huset.

Exercise 58: 1 Jonas reste/åkte söderut för att hälsa på Eva. 2 Vi tycker om att simma i havet. 3 Du/ni bör/borde läsa varje bok (som) han skriver. 4 De brukade tycka om att lyssna på fåglarna. 5 Jag behöver köpa nya skor före jul. 6 Eva skyndade sig hem för att baka bröd. 7 Vi var glada att kunna träffa din mor. 8 Göran brukar cykla till kontoret. 9 Hon vägrade titta/se in genom fönstret. 10 Han byggde ett nytt hus i skogen för att kunna titta på älgarna.

LESSON 10

Exercise 59: 1 var 2 där 3 där 4 dit 5 vart 6 där 7 dit 8 var 9 där 10 dit 11 vart 12 där

Exercise 60: 1 Många svenskar reser/åker till Spanien på sommaren/somrarna. 2 Jan reste/åkte till fjällen för att åka skidor. 3 Fransmän är stiligare än engelsmän. 4 Göran sparar pengar för att köpa en bil. 5 Italienskt vin är billigare än franskt vin. 6 Hon talar svenska hemma och engelska på kontoret. 7 Många finnar talar svenska också. 8 Han flyttade från norra Norge för att söka arbete.

Exercise 61: 1 Vem var den där tyskan du talade/pratade med? 2 Han frågade mig vem som hade målat det gamla huset. 3 Du/Ni kan äta vad som helst men du/ni måste äta någonting! 4 Vem var mannen som gav dig de norska böckerna? 5 Jag undrar vilken bil som är bäst. 6 Statsministern är inte vilken italienare som helst! 7 Hon ville veta vem som tyckte om spansk mat. 8 Vem som helst kan göra det om han vill, sade/sa han.

Exercise 62: 1 Han sade, att han inte kände igen henne. 2 Lade han inte ned böckerna på bordet? 3 Har ni alltid tyckt illa om honom? 4 Var det Jan som bröt av grenen? 5 Han går ofta förbi men han kommer aldrig in.

Exercise 63: 1 Tycker hon illa om tyska bilar? 2 Jag kände inte igen pojken som gick förbi. 3 Kommer du inte ihåg honom? 4 Var snäll och sätt på TV-n! 5 Ska du/ni inte stänga av TV-n?

LESSON 11

Exercise 64: 1 Erik och Göran gick kl.4. 2 Gunilla måste kyla vinet före festen. 3 Jan ställde/satte glaset på bordet. 4 Flaskorna stod redan på bordet. 5 Han lämnar kopparna i köket. 6 Gästerna satt i vardagsrummet. 7 De två barnen låg på sängen i sovrummet. 8 Maten kallnade i köket.

Exercise 65: 1 De är mycket intresserade av böcker. 2 Dörren är stängd och huset är låst. 3 Det skrivna språket är svårt. 4 Det här varuhuset är välkänt. 5 Den nymålade dörren är redan smutsig. 6 Biljetterna är redan beställda. 7 En bil stod parkerad framför huset. 8 Han har glömt sin nyköpta cykel.

Exercise 66: 1 Brevet skickades igår. 2 Deras hus har redan sålts. 3 Helena ska opereras på tisdag. 4 Potatisen måste skalas före kl.5. 5 Cykeln uppfanns för hundra år sedan.

Exercise 67: 1 Bengt och Karin blev också inbjudna till festen. 2 Räkorna kommer inte att bli uppskattade av Karin. 3 Burkarna har inte blivit öppnade. 4 Vinet blev aldrig beställt. 5 Helena blir ofta kysst av Pelle.

Exercise 68: 1 De träffades på festen. 2 Vi ses nästan varje dag. 3 Ni ska väl/träffas nästa vecka? 4 Varför måste ni kyssas hela tiden? 5 Hur länge är det sedan vi sågs?

LESSON 12

Exercise 69: 1 Han gjorde allt/allting han kunde för att hjälpa. 2 Både mamma och pappa satt i vardagsrummet. 3 Hela skolan hoppades att han skulle vinna. 4 Sådant händer ofta i en stor stad. 5 Man säger att han uppfann både cykeln och bilen! 6 Han går ofta på bio utan sin fru. 7 Vad köpte du för cykel? 8 Hon kan varken tala eller skriva finska. 9 Vi har läst alla hans böcker utom en. 10 De är inte unga men de är glada. 11 Vilket bord ska jag köpa? Ta det stora. 12 Alla rodnade när de såg det där fotot.

Exercise 70: 1 Ska vi gå och äta lunch någonstans? 2 Han bad mig köpa tågbiljetterna. 3 De tyckte att Sverige var vackrare än Frankrike. 4 När jag kommer till Amerika, tänker jag bli rik. 5 Jag känner honom och jag kände hans far. 6 Han tror att affärerna är stängda idag. 7 Den lilla pojken ville ha allt/allting i affären. 8 Vi måste tänka på det. 9 Fråga den där mannen om han vet var Kungsgatan ligger. 10 Jag tyckte att det var Bergmans tråkigaste film.

Exercise 71: I had started to go more and more often to the cinema. I often threw myself on my bicycle after school and rode

down to some cinema that had an afternoon performance. I always
went alone. I might look in the paper in the morning and decide
what I would see. Then, in school, I thought out the quickest way
through the town on a bicycle so that I would make it in the short
time between school finishing and the film starting. If any of my
schoolfriends asked whether we would be doing anything in the
afternoon I made the excuse that I was busy. Sometimes I said that
I was forced to go to Granny's to help her with something. I
preferred to go to the cinema by myself.

I embezzled from my bank book to get money for the cinema or
I stole from Mum. She never noticed anything. In any case, she
never wondered what I was doing in the afternoons. If Mum were
to go out of an evening I managed to get down to an evening
performance as well. But most often I went in the afternoons. The
very fact that all other people were at their jobs or that my friends
were out together doing something while I myself sneaked secretly
into a cinema was in itself a plus. The silence and the loneliness in
the darkness when the lights were extinguished by the curtain at
the front gave me peace and relief.

Mini-dictionary

English–Swedish

a/an en, ett
able: to be able kunna (kan,
  kunde, kunnat)
abolish avskaffa (1)
about (prep) om
absurd absurd
academy akademi-en-er
accompany följa med (2)
according to enligt
accuse anklaga (1)
actually egentligen, faktiskt
admittedly givetvis
afford ha råd att
Africa Afrika
after (prep) efter; (conj) efter det att
after all ju
afternoon eftermiddag-en-ar
age ålder-n, åldrar; (vb) åldras (1)
ages ago länge sedan
ago för . . . sedan
all all
all too alltför
all, the whole lot allihopa
almost nästan
alone ensam
alongside bredvid
already redan
also också
although fast, fastän
always alltid
America Amerika
American amerikanare-n–; (adj)
  amerikansk
American woman amerikanska-n
  -or
among bland
and och
angry arg
animal djur-et–
announce anmäla (2)
anorak vindjacka-n-or
any (etc.) någon, något, några

apartment lägenhet-en-er
appear synas (2)
apple äpple-t-n
application anmälan–
appreciate uppskatta (1)
approximately cirka, ungefär
April april
Arctic Circle polcirkel-n, cirklar
arise uppstå (4)
around omkring
art konst-en
article artikel-n, artiklar
as soon as så snart (som)
as . . . as lika . . . som
ask fråga (1); (request) be (4 ber,
  bad, bett)
at vid
at all alls
at what time hur dags
attempt försök-et–
August augusti
aunt (maternal) moster-n, mostrar;
  (paternal) faster-n, fastrar
author författare-n–
autumn höst-en-ar
avoid undvika (4)
away (location) borta; (motion)
  bort

bad dålig, ond
bag påse-n-ar
bake baka (1)
ball boll-en-ar
bank bank-en-er
bank holiday helgdag-en-ar
bathe bada (1)
be vara (är, var, varit)
be called heta (heter, hette, hetat)
be silent tiga (4)
be situated ligga (4 ligger, låg,
  legat)
be, exist finnas (4)

beautiful vacker
because därför att, för
become bli (4 blir, blev, blivit)
bed säng-en-ar
bedroom sovrum-met–
beer öl-et
  (low alcohol) lättöl-et
before (*adv*) förr, förut; (*neg conj*)
  förrän; (*conj*) innan; (*prep of time*)
  före; (*prep of place*) framför
before then innan dess
begin börja (1)
Belgian belgier-n–
best bäst
better bättre
between mellan
bicycle cykel-n, cyklar
big stor
bird fågel-n, fåglar
birthday födelsedag-en-ar
bite bita (4)
black svart
  to go black svartna (1)
bloke kille-n-ar
blonde (woman) blondin-en-er
blouse blus-en-ar
blue blå
  to go blue blåna (1)
blush rodna (1)
boast skryta (4)
boat båt-en-ar
book bok-en, böcker
boring tråkig, tröttsam
born född
both båda
both . . . and både . . . och
bottle flaska-n-or
boy pojke-n-ar
boyfriend pojkvän-nen-ner
branch gren-en-ar
bread bröd-et–
break bryta (4), slå sönder (4)
break off bryta av (4)
break out utbryta (4)
breakfast frukost-en-ar
breathe andas (1)
broken sönder
brother bror, brodern, bröder
brown brun
build bygga (2)

burn (*trans*) bränna (2); (*intrans*)
  brinna (4)
bus buss-en-ar
bushy buskig
busy upptagen
but men; (*neg conj*) utan
buy köpa (2)
by av

café kafé-t-er
cake bakelse-n-er
call kalla (1)
can burk-en-ar
cap mössa-n-or
capital city huvudstad-en, -städer
car bil-en-ar
car park parkeringsplats-en-er
carry bära (4)
case (event) fall-et–
cash inkassera (1)
cash desk kassa-n-or
cashier kassör-en-er
cassette kassett-en-er
castle slott-et–
cat katt-en-er
Catholic katolik-en-er
certainly visst
chair stol-en-ar
chairman ordförande-n–
chance chans-en-er
change byta (2)
charming charmig
chat prata (1)
cheap billig
cheese ost
check kontrollera (1), kolla (1)
  (colloquial)
cheerio hej då
cheque check-en-ar
child barn-et–
chill kyla (2)
choose välja (väljer, valde, valt)
chop hugga (4)
Christ Kristus
Christmas jul-en-ar
cigarette cigarrett-en-er
cinema bio(graf)-en-er
clever klok
clock klocka-n-or
close stänga (2)

clothes kläder (*pl*)
coarse grov
coffee kaffe-t
cold kall
  to grow cold kallna (1)
come komma (4 kommer, kom,
  kommit)
comfortable bekväm
commodity vara-n-or
compare jämföra (2)
complain klaga (1)
completely alldeles
conversation samtal-et–
cooperate samarbeta (1)
corner hörn-et–
corridor korridor-en-er
cost kosta (1)
country land-et, länder
couple par-et–
courage kurage-t
course (of meal) rätt-en-er
cousin kusin-en-er
crazy vansinnig
criminal brottslig
cry gråta (4 gråter, grät, gråtit)
crown krona-n-or
cup kopp-en-ar
curtain (in theatre) ridå-n-er
cycle cykla (1)

dad pappa-n-or
damage skada (1)
dance dansa (1)
Dane dansk-en-ar
dangerous farlig
Danish dansk
Danish language danska-n
Danish woman danska-n-or
dark mörk
darkness mörker, mörkret
daughter dotter-n, döttrar
day dag-en-ar
day before yesterday i förrgår
dear kär
Dear Kära
December december
decide bestämma (2)
degree grad-en-er
Denmark Danmark
dentist tandläkare-n–

deny neka (1)
department store varuhus-et–
depend bero (3)
depressed deppad (colloquial)
desert öken, öknen, öknar
destructive förintande
detest avsky (3)
different olik
difficult svår
dinner middag-en-ar
direct direkt
dirty smutsig
disappear försvinna (4)
disappointed besviken
discotheque diskotek-et–
discuss diskutera (1)
discussion diskussion-en-er
distance avstånd-et–
disturb oroa (1), störa (2)
do göra (2 gör, gjorde, gjort)
dog hund-en-ar
door dörr-en-ar
down (location) nere; (motion) ner
  (ned)
dreadful förfärlig
drink dricka (4)
  (alcohol) supa (4)
drive köra (2)
driving licence körkort-et–
drown (*intrans*) drunkna (1); (*trans*)
  dränka (2)
dry torr
during under
Dutch holländsk
Dutch language holländska-n
Dutchman holländare-n–
Dutchwoman holländska-n-or

each other varandra
eagerness iver-n
early tidig
earth jord-en
earn tjäna (1)
east öster
Easter påsk-en-ar
eastern östra, öst-
eastwards österut
easy lätt
eat äta (4 äter, åt, ätit)

eight åtta
eighteen arton
eighteenth artonde
eighth åttonde
eightieth åttionde
eighty åttio
either . . . or antingen . . . eller
elegant stilig
eleven elva
eleventh elfte
elk älg-en-ar
embezzle förskingra (1)
empty tom
end sluta (1)
England England
English engelsk
English language engelska-n
Englishman engelsman-nen, -män
Englishwoman engelska-n-or
enjoy njuta (4)
enough nog
enter komma in (4)
entertain underhålla (4)
entertaining rolig
essay uppsats-en-er
Europe Europa
even ens, även
evening kväll-en-ar
ever någonsin
every varje
everyday vardaglig
everyone alla
everything allting
everywhere överallt
exactly precis
example exempel, exemplet, –
excellent(ly) utmärkt
except utom
exchange byta (2)
exciting spännande
excuse me förlåt
exercise (school) övning-en-ar;
  (physical) motion-en
exile exil-en
exit gå ut (4)
expensive dyr
explain förklara (1)
extinguish släcka (2)
extra extra
eyebrow ögonbryn-et–

face ansikte-t-n
fact faktum-et, fakta
family familj-en-er
fantastic fantastisk
fascinating fängslande
fat tjock
father far (fadern, fäder)
fault fel-et–
February februari
feel känna sig (2)
feel at home trivas (2)
few få
fifteen femton
fifteenth femtonde
fifth femte
fiftieth femtionde
fifty femtio
film film-en-er
finally till slut
find finna (4), hitta (1)
fine fin
finish sluta (1)
finished slut
Finland Finland
Finn finne-n-ar
Finnish finsk
Finnish language finska-n
Finnish woman finska-n-or
fire eld-en-ar
first (adj) första; (adv) först
fish fisk-en-ar
fit passa (1)
fitting: to be fitting duga (4 duger,
  dög, dugt)
five fem
flat lägenhet-en-er
floor golv-et–
flower blomma-n-or
fly flyga (4)
follow följa (2)
food mat-en
foot fot-en, fötter
football pitch fotbollsplan-en-er
for för; (time) i
force tvinga (1)
forget glömma (2)
forgive förlåta (4)
form blankett-en-er
fortieth fyrtionde
fortunately lyckligtvis

forty fyrtio
forward fram
four fyra
fourteen fjorton
fourteenth fjortonde
fourth fjärde
France Frankrike
free fri; (not busy) ledig
freeze frysa (4)
French fransk
French language franska-n
Frenchman fransman-nen, -män
Frenchwoman fransyska-n-or
fresh frisk, färsk
Friday fredag-en-ar
friend vän-nen-ner, kamrat-en-er
friendly vänlig
frightened uppskrämd
frock klänning-en-ar
from från
full full
furious förbannad
furniture (piece of) möbel-n,
    möbler

garden trädgård-en-ar
German tysk-en-ar; (adj) tysk
German language tyska-n
German woman tyska-n-or
Germany Tyskland
get få (4 får, fick, fått)
get dressed klä sig (3)
get hold of få tag i
get into one's head få för sig
get off stiga av (4)
girl flicka-n-or
give ge (4 ger, gav, givit)
glass glas-et–
go gå (4 går, gick, gått), åka (2)
go to bed lägga sig (4)
good bra, god
goodbye for now hej så länge
Gothenburg Göteborg
grandfather (maternal) morfar,
    -fadern, -fäder; (paternal) farfar,
    -fadern, -fäder
grandmother (maternal) mormor,
    -modern, -mödrar; (paternal)
    farmor, -modern, -mödrar
grave grav-en-ar

green grön
greet hälsa (1)
greeting hälsning-en-ar
grey grå
grow växa (2)
grow dark mörkna (1)
grudge missunna (1)
guess gissa (1)
guest gäst-en-er
guilty skyldig

hairdresser (ladies') damfrisörska
    -n-or
half halv
hand hand-en, händer
happen hända (2), ske (3)
happy glad, lycklig
hard hård
hat hatt-en-ar
hate hata (1)
have ha (har, hade, haft)
have (something done) låta (4
    låter, lät, låtit)
he han
head huvud-et–
headmaster rektor-en-er
healthy frisk
hear höra (2)
heart hjärta-t-n
heavy tung
hello hej, goddag
help hjälpa (2)
her henne
her/hers hennes
here (location) här; (motion) hit
herself sig
hi there! hejsan
high hög
him honom
himself sig
his hans
his/her/its/their (own) sin, sitt, sina
history historia, historien, historier
hit slå (4 slår, slog, slagit)
hold hålla (4 håller, höll, hållit)
hold an opinion mena (1)
holiday semester-n, semestrar
Holland Holland
home hem-met–; (adv) hem
    at home hemma hem

hope hopp-et
hope hoppas (1)
hot varm
hotel hotell-et–
hour timme-n-ar
house hus-et–
how hur
how do you do? goddag
hug kram-en-ar
hundred hundra
hundredth hundrade
hurry skynda sig (1)
   to be in a hurry ha bråttom
husband man-nen, män

I jag
Iceland Island
Icelander isländning-en-ar
Icelandic isländsk
Icelandic language isländska
Icelandic woman isländska-n-or
idea idé-en-er
if om
ill sjuk
illness sjukdom-en-ar
immediately genast
in (place) i; **(time)** om; (adv) in
in addition till
in any case i alla fall
in front of framför
in order to för att
incidentally förresten
including inklusive
influenza influensa-n-or
inside inne
instead of i stället för
insufferable olidlig
intelligent intelligent
intend tänka (2)
interested in intresserad av
interesting intressant
into in i
introduce to presentera för (1)
invent uppfinna (4)
invention uppfinning-en-ar
invite inbjuda (4)
it den, det
Italian italienare-n–; (adj) italiensk
Italian language italienska-n
Italian woman italienska-n-or

Italy Italien
its dess
itself sig

January januari
job arbete-t-n
journalist journalist-en-er
joy glädje-n
July juli
June juni

key nyckel-n, nycklar
kick sparka (1)
kill slå ihjäl (4)
kilo kilo-t–
kilometre kilometer-n–
kind snäll, vänlig
king kung-en-ar
kingdom kungarike-t-n
kiss kyssa (2)
kitchen kök-et–
know (people) känna (2), **(facts)**
   veta (4 vet, visste, vetat)

language språk-et–
language course språkkurs-en-er
last sist, förra
last year i fjol
late sen
latest senast
laugh skratta (1)
lay lägga (4 lägger, lade, lagt);
   (table) duka (1)
lazy lat
learn lära sig (2)
least minst
left (not right) vänster
lend låna (1)
less mindre
lesson lektion-en-er
let låta (4 låter, lät, låtit)
letter brev-et–
library bibliotek-et–
lie ligga (4 ligger, låg, legat)
lie (tell lies) ljuga (4)
lie down lägga sig (4)
life liv-et–
lift lyfta (2)

light ljus-et–; (*vb*) tända (2); (*adj*)
  ljus
  to get light ljusna (1)
like tycka om (2)
like som
like this så här
lion lejon-et–
listen to lyssna på (1)
litre liter-n–
little: a little lite(t)
live leva (2)
live (dwell) bo (3)
living room vardagsrum-met–
lock låsa (2)
loneliness ensamhet-en
long lång
long (time) länge
long to (go to) längta till (1)
look titta (1); (appear) se . . . ut (4)
look for söka (2)
lose förlora (1)
lounge suit kostym-en-er
love kärlek-en-ar, älska (1)
low låg
lunch lunch-en-ar

make an excuse that skylla på (2)
man man-nen, män; karl-en-ar
manage (have strength) orka (1);
  (have time) hinna (4)
many många
March mars
march marschera (1)
married: to get married gifta sig (2)
match passa till (1)
mate kompis-en-ar (colloquial)
matter sak-en-er
  to be a matter of handla om (1)
May maj
me mig
mean betyda (2)
meat kött-et
meet träffa (1), möta (2)
mend laga (1)
menu matsedel-n, sedlar
mild mild
milk mjölk-en
million miljon-en-er
millionth miljonte
minute minut-en-er

miserly snål
miss sakna (1)
mistake fel-et–
Monday måndag-en-ar
money pengar (*pl*)
monotonous enformig
month månad-en-er
more (amount) mer; (number) fler
more and more allt mer
morning morgon-en, morgnar
most (amount) mest; (number)
  flest
most of all helst
mother mor, modern, mödrar
motive motiv-et–
motocross motocross-en
motor bike motorcykel-n, cyklar
moon måne-n-ar
mountain fjäll-et–
mouth mun-nen-nar
move röra sig (2)
move house flytta (1)
movement rörelse-n-r
Mr herr
Mrs fru
much mycket
Mum mamma-n-or
museum museum, museet, museer
music musik-en
must måste (*imp* måste)
my/mine min, mitt, mina

narrate berätta (1)
narrow trång
nation nation-en-er
natural naturlig
naturally naturligtvis
need behöva (2)
neglect vansköta (2)
neither . . . nor varken . . . eller
nervous nervös
never aldrig
new ny
news nyheter
news-stand kiosk-en-er
newspaper tidning-en-ar
next nästa
nice fin, skön
night natt-en, nätter
nine nio

nineteen nitton
nineteenth nittonde
ninetieth nittionde
ninety nittio
ninth nionde
no nej
no, none *etc.* ingen, inget, inga
nod nicka (1)
north norr
northern norra, nord-
northwards norrut
Norway Norge
Norwegian norrman-nen, -män;
   (*adj*) norsk
Norwegian language norska-n
Norwegian woman norska-n-or
not inte
not as . . . as inte så . . . som
not at all inte alls
nothing ingenting
notice märka (2)
novel roman-en-er
November november
now nu
nowadays nuförtiden
nowhere ingenstans
number nummer, numret, –

o'clock klockan
observe observera (1)
October oktober
of av
of course förstås
offer erbjuda (4)
office kontor-et–
often ofta
oh really jaså
old gammal
older äldre
oldest äldst
on på
on the other hand däremot
one en, ett; (*pronoun*) man
only (*adv*) bara; (*adj*) enda
open öppna (1)
operate operera (1)
operation operation-en-er
or eller
order beställa (2)
other annan (annat, andra)

ought böra (bör, borde, bort)
our/ours vår (vårt, våra)
out (location) ute; (motion) ut
outside utanför
over över
over there därborta
overcoat överrock-en-ar
owner ägare-n–

paint måla (1)
pale blek
   to go pale blekna (1)
paper papper-et–
park parkera (1)
parking parkering-en-ar
part del-en-ar
particularly i synnerhet
party fest-en-er
past (clock time) över
pay betala (1)
peace ro-n
peel skala (1)
per per
performance föreställning-en-ar
perhaps kanske
person människa-n-or
pharmacy apotek-et–
photo foto-t-n
piano piano-t-n
pity synd
place sätta (4 sätter, satte, satt)
play (as children play) leka (2)
playmate lekkamrat-en-er
pleasant trevlig
please var så god och, var snäll och
point poäng-en-er; (*vb*) peka (1)
police(man) polis-en-er
ponder fundera (1)
poor fattig
position ställning-en-ar
possess besitta (4)
possible möjlig
possibly möjligen
post, post office post-en
potato potatis-en-ar
powerful kraftig
prawn räka-n-or
pray be (4 ber, bad, bett)
precisely just

prefer föredra (4 -drar, -drog,
 -dragit)
preferably hellre
prepare (food) laga (1)
present nuvarande
pretend låtsas (1)
prime minister statsminister-n,
 -ministrar
probable trolig
probably troligen, nog
problem problem-et–
proficient duktig
promise lova (1)
proud stolt
province landskap-et–
pull dra (4 drar, drog, dragit)
pupil elev-en-er
puppy-like valpig
purpose: on purpose flit med
put ställa (2), lägga (4)
pyjamas pyjamas-en-ar

quality kvalitet-en-er
quarrel gräla (1)
quarter kvart-en-er
queue kö-en-er; (vb) köa (1)
quick snabb
quickly fort
quite ganska

rain regna (1)
raincoat regnrock-en-ar
raise höja (2)
rather snarare
ready färdig
really bad urdålig
really good jättebra
reason grund-en-er
reckon (calculate) räkna (1)
recognise känna igen (2)
recommend rekommendera (1)
read läsa (2)
red röd
refreshing upplivande
refuse vägra (1)
relation släkting-en-ar
relief lättnad-en
remarkably påfallande
remember komma ihåg (4), minnas
 (2)

remind påminna (2)
resident bosatt
restaurant restaurang-en-er
reverse: the reverse tvärtom
rich rik
right (not left) höger; rätt
 to be right ha rätt
ring ringa (2)
river å-n-ar, älv-en-ar
road väg-en-ar
room rum-met–, sal-en-ar
round runt (adv)
row (quarrel) bråk-et–
royal kunglig
run springa (4)
Russia Ryssland
Russian ryss-en-ar; (adj) rysk
Russian language ryska
Russian woman ryska-n-or

sad ledsen
same samma
Saturday lördag
sausage korv-en-ar
save spara (1)
say säga (4 säger, sade, sagt)
scarce knapp
school skola-n-or
Scotland Skottland
scrutinise mönstra (1)
sea hav-et–
second sekund-en-er; (adj) andra
secret hemlighet-en-er
see se (4 ser, såg, sett)
see you soon vi ses
seem tyckas (2), verka (1)
seldom sällan
self (myself, etc.) själv
sell sälja (säljer, sålde, sålt)
send skicka (1)
September september
serious allvarlig
serve betjäna (1), servera (1)
seven sju
seventeen sjutton
seventeenth sjuttonde
seventh sjunde
seventieth sjuttionde
seventy sjuttio
sew sy (3)

shall (*etc.*) skola (ska, skulle, skolat)
shave raka sig (1)
she hon
shine skina (4)
shirt skjorta-n-or
shoe sko-n-r
shop affär-en-er
shop assistant expedit-en-er
shore strand-en, stränder
short kort
show visa (1)
silence tystnad-en
simple enkel
since sedan; (because) eftersom
sincere hjärtlig
sing sjunga (4)
sink sjunka (4)
sister syster-n, systrar
sit sitta (4 sitter, satt, suttit)
sit down sätta sig (4)
six sex
sixteen sexton
sixteenth sextonde
sixth sjätte
sixtieth sextionde
sixty sextio
size storlek-en-ar
ski skida-n-or
skirt kjol-en-ar
slim banta (1)
slow långsam
sluggish slö
small liten, litet, (lilla), små
smaller mindre
smallest minst
smile leende-t-n; (*vb*) le (4 ler, log, lett)
smoke (*intrans*) ryka (2); (*trans*) röka (2)
smoking rökning-en
sneak off smita (4)
snobbish snobbig
snow snöa (1)
so så
so that så att
sober nykter
socialist socialist-en-er
soldier soldat-en-er
some (*etc.*) någon, något, några

something någonting
sometimes ibland
somewhat lite(t)
somewhere någonstans
son son-en, söner
soon snart
sort: a sort of ett slags
sound låta (4 låter, lät, låtit)
soup soppa-n-or
south söder
southern södra, syd-
southwards söderut
Spain Spanien
Spaniard spanjor-en-er
Spanish spansk
Spanish language spanska
Spanish woman spanjorska-n-or
special särskild
specially särskilt
spend göra av med (2)
spirits sprit-en
spread sprida (4)
spring vår-en-ar
square torg-et–
staircase trappa-n-or
stand stå (4 står, stod, stått)
star stjärna-n-or
start börja (1)
start up sätta igång (4)
state stat-en-er
station station-en-er
stay stanna (1)
steady stadig
steal stjäla (4 stjäl, stal, stulit)
step forward stiga fram (4)
stern bister
still fortfarande
Stockholmer stockholmare-en–
stocking strumpa-n-or
stop stanna (1)
street gata-n-or
stride stega (1)
strike strejk-en-er
student student-en-er
study studera (1)
stupid dum
succeed lyckas (1)
successful lyckad
such sådan
suck suga (4)

summer sommar-en, somrar
summer holidays sommarlov-et–
sun sol-en-ar
Sunday söndag-en-ar
sure säker
surely väl, säkert
surly sur
surprise överraska (1)
suspicion aning-en-ar
sweater tröja-n-or
Swede svensk-en-ar
Sweden Sverige
Swedish svensk
Swedish language svenska-n
Swedish woman svenska-n-or
swim simma (1)
switch off stänga av (2)
switch on sätta på (4)
swot plugga (1)
system system-et–

table bord-et–
take ta (4 tar, tog, tagit)
take off ta av (4)
talk tala (1)
tall lång
task uppgift-en-er
teach lära (2)
teacher lärare-n–
tear riva (4)
telephone telefon-en-er
telephone conversation
    telefonsamtal-et–
telephone number telefonnummer,
    -numret, –
ten tio
tenth tionde
terrace terrass-en-er
terrified livrädd
testament testamente-t-n
than än
thanks tack
that (*conj*) att; (*relative*) som
that, those den (det, de) där
the den, det, de
the (more) . . . **the (more)** ju . . .
    desto
theatre teater-n, teatrar
their/theirs deras
them dem

themselves sig
then då
then (after that) sedan
there (location) där; (**motion**) dit
there is, there are det finns
they de
thick tjock
thin tunn
think tänka (2), tro (3), tycka (2)
third tredje
thirteen tretton
thirteenth trettonde
thirtieth trettionde
thirty trettio
this, these den (det, de) här; denna
    (detta, dessa)
this morning i morse
thousand tusen
thousandth tusende
three tre
through genom
throw kasta (1)
Thursday torsdag-en-ar
ticket biljett-en-er
ticket clerk biljettexpeditör-en-er
tights strumpbyxor (*pl*)
time tid-en-er; (**occasion**) gång-en
    -er
tired trött
to (*prep*) till; (*infin marker*) att;
    (*clock time*) i
today idag
together tillsammans
toilet toalett-en-er
tomorrow imorgon
tomorrow morning imorgon bitti
too också; (**excessively**) för
total summa-n-or
tourist turist-en-er
towards mot
towel handduk-en-ar
town stad-en, städer
traffic trafik-en
train tåg-et–
trainer träningssko-n-r
travel åka (2), resa (2), fara (4)
tree träd-et–
trousers byxor (*pl*)
true sann
try försöka (2)

try on prova (1)
Tuesday tisdag
TV teve-n-ar, TV-n-ar
twelfth tolfte
twelve tolv
twentieth tjugonde
twenty tjugo
two två
typical typisk

ugly ful
unbelievable otrolig
uncle (maternal) morbror,
  -brodern, -bröder; **(paternal)**
  farbror, -brodern, -bröder
underline stryka under (4)
understand förstå (4), begripa (4)
unfortunate stackars
unfortunately tyvärr
unhappiness vantrivsel-n
United States Förenta staterna
unpleasant otrevlig
until tills
unusual ovanlig
up (location) uppe; **(motion)** upp
up to fram till
us oss
usually (do something) bruka (1)

vain fåfäng
vegetarian vegetarian-en-er
very mycket
visit hälsa på (1)
voice röst-en-er
voluntary frivillig
vomit kräkas (2)

wait vänta (1)
waitress servitris-en-er
wake (intrans) vakna (1); **(trans)**
  väcka (2)
walk gå (4 går, gick, gått)
walk past gå förbi (4)
wall vägg-en-ar
wander vandra (1)
want to vilja (vill, ville, velat)
war krig-et–
wash tvätta sig (1)
wash up diska (1)
water vatten, vattnet, –

we vi
weakness svaghet-en-er
weather väder, vädret
Wednesday onsdag
week vecka-n-or
weekday vardag-en-ar
well-known välkänd
west väster
western västra, väst-
westwards västerut
wet våt
what vad
what sort of . . . vad . . . för
whatever vad som helst
when när
where (relative) där, dit; **(question)**
  var
where to (question) vart
where . . . from varifrån
which (relative) som; **(question)**
  vilken, vilket, vilka
whichever vilken som helst
while stund-en-er; **(conj)** medan
whining grinig
white vit
Whitsun pingst-en-ar
who (relative) som; **(question)** vem
whoever vem som helst
whole hel
whose vars
why varför
wide bred
wife fru-n-ar
willingly gärna
win vinna (4)
window fönster, fönstret, –
wine vin-et-er
winter vinter-n, vintrar
wish önska (1)
with med
without utan
witness vittne-t-n
wolf varg-en-ar
woman kvinna-n-or
wonder undra (1)
wood skog-en-ar
work arbete-t-n; **(vb)** arbeta (1),
  jobba (1)
world värld-en-ar
worn out utsliten

worse sämre, värre
worst sämst, värst
worthwhile givande
wound såra (1)
wreath krans-en-ar
wretch krake-n-ar
write skriva (4)
writing pad skrivblock-et–
written skriftlig
wrong fel

year år-et–
yellow gul

to go yellow gulna (1)
yes ja, jo
yes, of course javisst
yesterday igår
yet än
you (*sing subj*) du; (*sing obj.*) dig;
  (*pl*) ni; (*obj pl*) er
young ung
younger yngre
your/yours (*sing*) din, ditt, dina;
  (*pl*) er, ert, era

zero noll

Swedish–English

absurd absurd
affär-en-er shop
Afrika Africa
akademi-en-er academy
aldrig never
all all
alla everyone
alldeles completely
allihopa all, the whole lot
alls at all
allt mer more and more
alltför all too
alltid always
allting everything
allvarlig serious
Amerika America
amerikanare-n– American
amerikansk American
amerikanska-n-or American
  woman
andas (1) to breathe
andra second
aning-en-ar suspicion, 'a touch'
anklaga (1) to accuse
ankommande arriving
anmäla (2) to announce
anmälan– application,
  announcement
annan (annat, andra) other, else
ansikte-t-n face
antagligen presumably
antingen . . . eller either . . . or

apotek-et– pharmacy
april April
arbeta (1) to work
arbete-t-n job, work
arg angry
artikel-n-ar article
arton eighteen
artonde eighteenth
att that (*conj*); to (*infin marker*)
augusti August
av by, of
avgående departing
avskaffa (1) to abolish
avsky (3) to detest
avstånd-et– distance

bada (1) to bathe
baka (1) to bake
bakelse-n-er cake, pastry
bank-en-er bank
banta (1) to slim
bara only
bara bra just fine
barn-et– child
be (4 **ber, bad, bett**) to pray, ask
begripa (4) to understand
behöva (2) to need
bekväm comfortable
belgier-n– Belgian
bero (3) to depend
berätta (1) to tell, narrate
besitta (4) to possess

beställa (2) to order
bestämma (2) to decide
besviken disappointed
betala (1) to pay
betjäna (1) to serve
betyda (2) to mean
bibliotek-et– library
bil-en-ar car
biljett-en-er ticket
biljettexpeditör-en-er ticket clerk
billig cheap
bio(graf)-en-er cinema
bister stern
bita (4) to bite
bjuda (4) to offer
bland among
blankett-en-er form
blek pale
blekna (1) to go pale
bli (4 **blir, blev, blivit**) to become, to be
blomma-n-or flower
blondin-en-er blonde (woman)
blus-en-ar blouse
blå blue
blåna (1) to go blue
bo (3) to live, dwell
bok-en, böcker book
boll-en-ar ball
bord-et– table
bort away (motion)
borta away (location)
bortifrån from away
bosatt resident
bra good
bred wide
bredvid alongside
brev-et– letter
brinna (4) to burn (*intrans*)
bror, brodern, bröder brother
brottslig criminal
bruka (1) to be in the habit of
brun brown
bryta (4) to break
bryta av (4) to break off
bråk-et– row
bråttom (ha bråttom) to be in a hurry
bränna (2) to burn (*trans*)
bröd-et– bread

burk-en-ar tin, can
buskig bushy
buss-en-ar bus
bygga (2) to build
byta (2) to exchange, change
byxor (*pl*) trousers
båda both
både . . . och both . . . and
båt-en-ar boat
bära (4) to carry
bäst best
bättre better
bättringsväg-en-ar road to recovery
böra (bör, borde, bort) ought
börja (1) to begin, start

chans-en-er chance
charmig charming, dashing
check-en-ar cheque
cigarrett-en-er cigarette
cirka approximately
cykel-n, cyklar bicycle
cykla (1) to cycle

dag-en-ar day
damfrisörska-n-or hairdresser (ladies')
Danmark Denmark
dansa (1) to dance
dansk Danish
dansk-en-ar Dane
danska-n Danish language
danska-n-or Danish woman
de they, the (*pl*)
december December
del-en-ar part
dem them
den it, the (*sing*)
den/det/de där that, those
den/det/de här this, these
denna (detta, dessa) this, these
deppad depressed (colloquial)
deras their/theirs
dess its
det it, the (*sing*)
dig you (*sing obj*)
din (ditt, dina) your/yours (*sing*)
direkt direct
diska (1) to wash up
diskotek-et– discotheque

diskussion-en-er discussion
diskutera (1) to discuss
dit there (motion to); where
djur-et– animal
dotter-n, döttrar daughter
dra (4 drar, drog, dragit) to pull, drag
dricka (4) to drink
drunkna (1) to drown (intrans)
dränka (2) to drown (trans)
du you (sing subj)
duga (4 duger, dög, dugt) to be fitting, good enough
duka (1) to lay (the table)
duktig gifted, able, proficient
dum stupid
dylik of that sort, the like
dyr expensive
då (adv) then; (conj) when
dålig bad
där there (location), where
därborta over there
däremot on the other hand
därför att because
därifrån from there
dörr-en-ar door

efter after
eftermiddag-en-ar afternoon
eftersom as, since
egentligen actually, really
ej not, no
eld-en-ar fire
elev-en-er pupil
elfte eleventh
eller or
eller hur is it, isn't it, etc.
elva eleven
elva-n-or an 'eleven'
en a/an, one
enda only (adj)
enformig monotonous
engelsk English
engelska-n English language
engelska-n-or Englishwoman
engelsman-nen, -män Englishman
England England
enkel simple
enligt according to
ens even

ensam alone
ensamhet-en loneliness
er you (obj pl)
er (ert, era) your/yours (pl)
erbjuda (4) to offer
ett a/an, one
etta-n-or a 'one'
Europa Europe
exempel, exemplet, – example
exil-en exile
expedit-en-er shop assistant
Expressen The Express (newspaper)
extra extra, more

faktiskt actually
faktum-et, fakta fact
fall-et– case
familj-en-er family
fantastisk fantastic
far (fadern, fäder) father
fara (4) to travel
farbror, -brodern, -bröder uncle (paternal)
farfar, -fadern, -fäder grandfather (paternal)
farlig dangerous
farmor, -modern, -mödrar grandmother (paternal)
fast, fastän although
faster -n, fastrar aunt (paternal)
fattig poor
februari February
fel wrong
fel-et– mistake, fault
fem five
femma-n-or a 'five'
femte fifth
femtio fifty
femtionde fiftieth
femton fifteen
femtonde fifteenth
fest-en-er party
film-en-er film
fin fine, nice
Finland Finland
finna (4) to find
finnas (4) to be, to exist
finne-n-ar Finn

finns (det finns) there is, there are
finsk Finnish
finska-n Finnish language
finska-n-or Finnish woman
fisk-en-ar fish
fjorton fourteen
fjortonde fourteenth
fjäll-et– mountain
fjärde fourth
flaska-n-or bottle
fler more (number)
flest most (number)
flicka-n-or girl
flit :med flit on purpose
flyga (4) to fly
flytta (1) to move house
fort quickly
fortfarande still
fot-en, fötter foot
fotbollsplan-en-er football pitch
foto-t-n photo
fram forward, on
fram: komma fram to get there
fram till up to
framför in front of
framifrån from the front
framme at the front
framme: vara framme to have
    arrived
Frankrike France
fransk French
franska-n French language
fransman-nen, -män Frenchman
fransyska-n-or Frenchwoman
fredag-en-ar Friday
fri free
frisk healthy, fresh
frivillig voluntary
fru-n-ar wife, Mrs
frukost-en-ar breakfast
frysa (4) to freeze, to be cold
fråga (1) to ask
från from
ful ugly
full full
fundera (1) to ponder
fyra four
fyra-n-or a 'four'
fyrtio forty
fyrtionde fortieth

få few
få (4 får, fick, fått) to get, be
    allowed to
få för sig to get into one's head
få tag i to get hold of
fåfäng vain
fågel-n, fåglar bird
fängelsestraff-et– prison sentence
fängslande fascinating
färdig finished, ready
färsk fresh, new
född born
födelsedag-en-ar birthday
följa (2) to follow
följa med (2) to go along,
    accompany
fönster, fönstret, – window
för for, because (*conj*); too (*adv*);
    for (*prep*)
för att in order to
för . . . sedan ago
förbannad furious
före before (*prep*)
föredra (4, -drar, -drog, -dragit) to
    prefer
Förenta staterna the United States
föreställning-en-ar performance
författare-n– author
förfärlig dreadful
förintande destructive
förklara (1) to explain
förlora (1) to lose
förlåt sorry, excuse me
förlåta (4) to forgive
förmiddag-en-ar morning
förr before (*adv*)
förra last
förresten by the way, incidentally
förrän before (*conj*)
förskingra (1) to embezzle,
    misappropriate
först first (*adv*)
första first (*adj*)
förstå (4 -står, -stod, -stått) to
    understand
förstås of course
försvinna (4) to disappear
försök-et– attempt
försöka (2) to try
förut before (*adv*)

gammal old
ganska quite, rather
gata-n-or street
ge (4 **ger, gav, givit**) to give
genast at once
genom through
gifta sig (2) to get married
gissa (1) to guess
givande worthwhile, rewarding
givetvis admittedly
glad happy
glas-et– glass
glömma (2) to forget
god good
goddag how do you do? hello!
golv-et– floor
grad-en-er degree
grav-en-ar grave
gren-en-ar branch
grinig whining
grov coarse
grund-en-er reason, basis
grå grey
gråta (4 **gråter, grät, gråtit**) to cry
gräla (1) to quarrel
grön green
grönsak-en-ar vegetable
gul yellow
gulna (1) to go yellow
gå (4 **går, gick, gått**) to walk, go
gå bort (4) to pass away, die
gå förbi (4) to walk past
gå ut (4) to exit
gång-en-er occasion, time
gärna willingly
gäst-en-er guest
göra (2) to do
göra av med (2) to spend
Göteborg Gothenburg

ha (**har, hade, haft**) to have
ha råd att to be able to afford
ha rätt to be right
halv half
han he
hand-en, händer hand
handduk-en-ar towel
handla om (1) to be a matter of
hans his
hata (1) to hate

hatt-en-ar hat
hav-et– sea
hej hello
hej då cheerio
hej så länge bye for now, see you soon
hejsan hi there!
hel whole
hel del (en) a good deal
helgdag-en-ar bank holiday
hellre preferably
helst most of all
hem-met–; (*adv*) **hem** home
hemifrån from home
hemlighet-en-er secret, secrecy
hemma at home
henne her
hennes her/hers
herr Mr
heta (**heter, hette, hetat**) to be called
hinna (4) to have time, to manage
historia, historien, historier history, story
hit here (motion)
hitta (1) to find
hjälpa (2) to help
hjärta-t-n heart
hjärtlig sincere
Holland Holland
holländare-n– Dutchman
holländsk Dutch
holländska-n Dutch language
holländska-n-or Dutchwoman
hon she
honom him
hopp-et hope
hoppas (1) to hope
hos at, with, at the house of
hotell-et– hotel
hugga (4) to chop
hund-en-ar dog
hundra hundred
hundrade hundredth
hur how
hur dags at what time
hus-et– house
huvud-et– head
huvudstad-en, -städer capital city
hålla (4 **håller, höll, hållit**) to hold

hålla på att (4) to be in the process of
hålla på med (4) to be working on
hård hard
hälsa (1) to greet
hälsa på (1) to visit
hälsning-en-ar greeting
hända (2) to happen
hänga ihop (2) to go together
här here (location)
härifrån from here
härleda (2) to derive
hög high
höger right (not 'left')
höja (2) to raise
höra (2) to hear
hörn-et– corner
höst-en-ar autumn

i in (*prep* place), to (clock time), for (*prep* time)
i alla fall in any case
i eftermiddag this afternoon (present, future)
i eftermiddags this afternoon (past)
i fjol last year
i förrgår the day before yesterday
i kväll this evening
i morse this morning
i natt last night, tonight
i sig in itself
i stället för instead of
i år this year
i övermorgon the day after tomorrow
ibland sometimes
icke not
idag today
idé-en-er idea
ifall in case, if
igår yesterday
illa bad, badly
imorgon tomorrow
imorgon bitti tomorrow morning
in in (*adv*)
in i into
inbjuda (4) to invite
influensa-n-or influenza
ingen (inget, inga) none, no one, nothing

ingenstans nowhere
ingenting nothing
inifrån from inside
inkassera (1) to cash
inklusive including
innan before (*conj*)
innan dess before then
inne inside, indoors
institution-en-er university department
inte not
inte alls not at all
inte så . . . som not as . . . as
intelligent intelligent
intressant interesting
intresserad av interested in
Island Iceland
isländsk Icelandic
isländska-n Icelandic language
isländska-n-or Icelandic woman
islänning-en-ar Icelander
Italien Italy
italienare-n– Italian
italiensk Italian
italienska-n Italian language
italienska-n-or Italian woman
iver-n eagerness

ja yes
jag I
januari January
jaså I see, oh really
javisst yes of course
jo yes
jobba (1) to work
jord-en earth
journalist-en-er journalist
ju after all, of course
ju . . . desto the (more) . . . the (more)
jul-en-ar Christmas
juli July
juni June
just precisely, just
just det att the very fact that
jämföra (2) to compare
jättebra really good

kafé-t-er café
kaffe-t coffee

kall cold
kalla (1) to call
kallna (1) to grow cold
kamrat-en-er friend
kanske perhaps
karl-en-ar man, fellow
kassa-n-or cash desk
kassett-en-er cassette
kassör-en-er cashier
kasta (1) to throw
katolik-en-er Catholic
katt-en-er cat
kille-n-ar bloke, boyfriend
kilo-t– kilo
kilometer-n– kilometre
kiosk-en-er news-stand, kiosk
kjol-en-ar skirt
klaga (1) to complain
klagoröst-en-er voice of complaint
klocka-n-or clock, watch
klockan o'clock
klok clever
klä sig (3) to get dressed
kläder (*pl*) clothes
klänning-en-ar dress, frock
knapp scarce
kolla (1) to check (colloquial)
komma (4 kommer, kom, kommit)
  to come
komma ihåg to remember
komma in (4) to enter
kompis-en-ar friend, mate (colloq)
konserv-en-er tinned or bottled
  food
konst-en-er art
kontor-et– office
kontrollera (1) to check
kopp-en-ar cup
korridor-en-er corridor
kort short
korv-en-ar sausage, hot dog
kosta (1) to cost
kostym-en-er lounge suit
kraftig powerful
krake-n-ar wretch
kram-en-ar hug
krans-en-ar wreath
krig-et– war
Kristus Christ
krona-n-or crown

kräkas (2) to vomit
kung-en-ar king
kungarike-t-n kingdom
kunglig royal
kunna (kan, kunde, kunnat) to be
  able
kurage-t courage
kusin-en-er cousin
kvalitet-en-er quality
kvart-en-er quarter
kvinna-n-or woman
kväll-en-ar evening
kyla (2) to chill
kyssa (2) to kiss
känna (2) to know (people)
känna igen (2) to recognise
känna sig (2) to feel
kär dear
Kära Dear
kärlek-en-ar love
kö-en-er queue
köa (1) to queue
kök-et– kitchen
köpa (2) to buy
köra (2) to drive
körkort-et– driving licence
kött-et meat

laga (1) to prepare, fix, mend
land-et, länder country
landskap-et– province
lat lazy
le (4 ler, log, lett) to smile
ledig free, not busy
ledsen sad
leende-t-n smile
lejon-et– lion
leka (2) to play (as children play)
lekkamrat-en-er playmate
lektion-en-er lesson
leva (2) to live
ligga (4 ligger, låg, legat) to lie, be
  situated
lika . . . som as . . . as
lite(t) a little, some, somewhat
liten little, small
liter-n– litre
liv-et– life
livrädd terrified
livsglädje-n joy in life

ljuga (4) to lie, tell lies
ljus light
ljus-et– light
ljusna (1) to grow light
lunch-en-ar lunch
lova (1) to promise
lyckad successful
lyckas (1) to succeed
lycklig fortunate, happy
lyckligtvis fortunately
lyfta (2) to lift
lyssna på (1) to listen to
låg low
låna (1) to lend; to borrow
lång long, tall, far
långsam slow
låsa (2) to lock
låta (4 låter, lät, låtit) to sound; to let; to have something done
låtsas (1) to pretend
lägenhet-en-er flat, apartment
lägga (4 lägger, lade, lagt) to lay, put
lägga sig (4) to lie down, go to bed
lämna (1) to hand (to); to leave
länge long, a long time
länge sedan ages ago
längta till (1) to long to go to
lära (2) to teach
lära sig (2) to learn
lärare-n– teacher
läsa (2) to read
lätt easy, light
lättnad-en relief
lättöl-et light (low alcohol) beer
lördag Saturday

maj May
mamma-n-or Mum
man one (you, they, people, etc.)
man-nen, män man, husband
mars March
marschera (1) to march
massa-n-or lot, mass, crowd
mat-en– food
matsedel-n,-sedlar menu
med with
medan while (conj)
mellan between
men but

mena (1) to hold an opinion, think
mer more (amount)
mest most (amount)
middag-en-ar dinner
mig me
mild mild
miljard-en-er thousand million
miljon-en-er million
miljonte millionth
min (mitt, mina) my/mine
mindre smaller, less
minnas (2) to remember
minst smallest, least
minut-en-er minute
missunna (1) to grudge
mjölk-en milk
mor (modern, mödrar) mother
morbror, -brodern, -bröder uncle (maternal)
morfar, -fadern, -fäder grandfather (maternal)
morgon-en, morgnar morning
mormor, -modern, -mödrar grandmother (maternal)
moster-n, mostrar aunt (maternal)
mot towards
motexempel, exemplet, – counter-example
motion-en exercise
motiv-et– motive
motocross-en motocross
motorcykel-n-ar motor bike
mun-nen-nar mouth
museum, museet, museer museum
musik-en music
mycket much, very
måla (1) to paint
månad-en-er month
måndag-en-ar Monday
måne-n, månar moon
många many
måste (imp måste) must, have to
människa-n-or person
märka (2) to notice
möbel-n, möbler (piece of) furniture
möjlig possible
möjligen possibly
mönstra (1) to scrutinize
mörk dark

mörker, mörkret darkness
mörkna (1) to grow dark
mössa-n-or cap
möta (2) to meet

nation-en-er nation
natt-en, nätter night
naturlig natural
naturligtvis naturally, of course
nedslå (4 **slår, slog, slagit**) to put
   down, suppress
nej no
neka (1) to deny
ner (ned) down (motion)
nere down (location)
nerifrån from below
nervös nervous
ni you (*sing form, pl*)
nia-n-or a 'nine'
nicka (1) to nod
nio nine
nionde ninth
nittio ninety
nittionde ninetieth
nitton nineteen
nittonde nineteenth
njuta (4) to enjoy
nog enough; probably, I imagine
noll zero
nolla-n-or a 'zero'
nord- northern
Norge Norway
norr north
norra northern
norrifrån from the north
norrman-nen, -män Norwegian
norrut northwards
norsk Norwegian
norska-n Norwegian language
norska-n-or Norwegian woman
november November
nu now
nuförtiden nowadays
nummer, numret, – number
nuvarande present
ny new
nyckel-n, nycklar key
nyheter news
nykter sober
någon (något, några) some, any,

someone, anyone, something,
   anything
någonsin ever
någonstans somewhere
någonting something
när when
när allt kommer omkring when all
   is said and done
nästa next
nästan almost

observera (1) to observe, to note
och and
också also
ofta often
oktober October
olidlig insufferable
olik different
om about, around, in (*prep*); if
   (*conj*)
omkring about, around
ond bad, evil
onsdag Wednesday
operation-en-er operation
operera (1) to operate
ordförande-n– chairman
orka (1) to manage, have the
   strength
oroa (1) to disturb
oss us
ost-en-ar cheese
otrevlig unpleasant
otrolig unbelievable
ovanlig unusual

pappa-n-or dad
papper-et– paper
par-et– couple, pair
parkera (1) to park
parkering-en-ar parking
parkeringsplats-en-er car park
passa (1) to suit, fit
passa till (1) to match
peka (1) to point
pengar (*pl*) money
per per
piano-t-n piano
pingst-en-ar Whitsun
plugga (1) to swot
pojke-n-ar boy
pojkvän-nen-ner boyfriend

polcirkel-n, cirklar Arctic Circle
polis-en-er police(man)
post-en post, post office
potatis-en-ar potato
poäng-en-er point, 'a bonus'
prata (1) to talk, chat
precis exactly
presentera för (1) to introduce to
problem-et– problem
prova (1) to try on
pyjamas-en-ar pyjamas
på on, at, in
påfallande remarkably
påminna (2) to remind
påse-n-ar bag
påsk-en-ar Easter

raka sig (1) to shave
redan already
regna (1) to rain
regnrock-en-ar raincoat
rekommendera (1) to recommend
rektor-en-er headmaster
resa (2) to travel
restaurang-en-er restaurant
revolution-en-er revolution
ridå-n-er curtain (in theatre)
rik rich
rike-t-n realm
ringa (2) to ring, telephone
riva (4) to tear
ro-n peace, calm
rodna (1) to blush
rolig fun, entertaining
Rom Rome
roman-en-er novel
rostig rusty
rum-met– room
runt round
ryka (2) to smoke (*intrans*)
rysk Russian (*adj*)
ryska-n Russian language
ryska-n-or Russian woman
ryss-en-ar Russian (man)
Ryssland Russia
räka-n-or prawn, shrimp
räkna ut (1) to reckon, work out
rätt right, really
rätt-en-er dish, course
röd red
röka (2) to smoke (*trans*)

rökning-en smoking
röra sig (2) to move
rörelse-n-r movement
röst-en-er voice

sak-en-er matter, thing
sakna (1) to miss
sal-en-ar room
samarbeta (1) to cooperate
samma same
samtal-et– conversation
sann true
se (4 ser, såg, sett) to see
se . . . ut (4) to look, appear
sedan then, after, after that
sekund-en-er second
semester-n, semestrar holiday
sen late
senast last, most recently, latest
september September
servera (1) to serve
servitris-en-er waitress
sex six
sexa-n-or a 'six'
sextio sixty
sextionde sixtieth
sexton sixteen
sextonde sixteenth
sig him/her/itself, themselves
simma (1) to swim
sin (sitt, sina) his/her/its/their
    (own)
sist last
sitta (4 sitter, satt, suttit) to sit, be
    sitting
sitta av to sit out (e.g. a prison
    sentence)
sju seven
sjua-n-or a 'seven'
sjuk ill
sjukdom-en-ar illness
sjunde seventh
sjunga (4) to sing
sjunka (4) to sink
sjuttio seventy
sjuttionde seventieth
sjutton seventeen
sjuttonde seventeenth
själv self (myself, yourself, etc.)
sjätte sixth
skada (1) to injure, damage

skala (1) to peel
ske (3) to happen
skicka (1) to send
skida-n-or ski
skina (4) to shine
skjorta-n-or shirt
sko-n-r shoe
skog-en-ar wood, forest
skogsbryn-et– edge of the forest
skola (ska, skulle, skolat) shall,
  will
skola-n-or school
Skottland Scotland
skratta (1) to laugh
skriftlig written
skriva (4) to write
skrivblock-et– writing pad
skryta (4) to boast
skyldig guilty, owing
skylla på (2) to make an excuse
  that, blame
skynda sig (1) to hurry
skön nice
slags (ett) sort of, kind of
slott-et– castle, palace
slut finished
sluta (1) to finish, end
slå (4 slår, slog, slagit) to hit,
  strike
slå ihjäl (4) to kill
slå sönder (4) to smash, break
släcka (2) to extinguish
släkting-en-ar relation
slö sluggish, listless
smita (4) to sneak, skive, clear off
smutsig dirty
Småland Småland (Swedish
  province)
snabb quick
snabbt quickly
snarare rather
snart soon
snobbig snobbish
snål mean, miserly
snäll kind
snöa (1) to snow
socialist-en-er socialist
sol-en-ar sun
soldat-en-er soldier
som who, whom, which; like

somlig some
sommar-en, somrar summer
sommarlov-et– summer holidays
son-en, söner son
soppa-n-or soup
sovrum-met– bedroom
Spanien Spain
spanjor-en-er Spaniard
spanjorska-n-or Spanish woman
spansk Spanish
spanska-n Spanish language
spara (1) to save
sparka (1) to kick
sprida (4) to spread
springa (4) to run
sprit-en spirits
språk-et– language
språkkurs-en-er language course
spännande exciting
stackars poor, unfortunate (people
  or animals)
stad-en, städer town
stadig steady, stable
stanna (1) to stop, stay
stat-en-er state
station-en-er station
statsminister-n, -ministrar prime
  minister
stega (1) to stride
stiga av (4) to get off
stiga fram (4) to step forward
stilig stylish, elegant
stjäla (4 stjäl, stal, stulit) to steal
stjärna-n-or star
Stockholm Stockholm (Swedish
  capital)
stockholmare-en– Stockholmer
stol-en-ar chair
stolt proud
stoppa (1) to stop
stor big
storlek-en-ar size
strand-en, stränder shore
strejk-en-er strike
strumpa-n-or stocking
strumpbyxor (pl) tights
stryka under (4) to underline
student-en-er student
studera to study
studerande-n– student

stund-en-er short time, while
styck (a)piece, each
stycke-t-n 'one', 'individual'
stå (4 **står, stod, stått**) to stand, be standing
ställa (2) to put, stand
ställning-en-ar position
stänga (2) to close
stänga av (2) to switch off
störa (2) to disturb
suga (4) to suck
summa-n-or total, sum
supa (4) to drink (alcohol)
sur surly
svaghet-en-er weakness
svart black
svartna (1) to go black
svensk Swedish
svensk-en-ar Swede
svenska-n Swedish language
svenska-n-or Swedish woman
Sverige Sweden
svår difficult
svälta (4) to starve
sy (3) to sew
syd- southern
synas (2) to appear
synd shame, pity
synnerhet (i synnerhet) particularly
system-et– system
syster-n, systrar sister
så so, what a . . .! (exclamation)
så att so that
så här like this
så snart (som) as soon as
sådan such
såra (1) to wound
säga (4 **säger, sa, sagt**) to say
säker sure
säkert surely, certainly
sälja (4 **säljer, sålde, sålt**) to sell
sällan seldom
sämre worse
sämst worst
säng-en-ar bed
särskild special
särskilt specially
sätt-et– way, manner
sätta (4 **sätter, satte, satt**) to set, place, put

sätta igång (4) to start, get going
sätta på (4) to switch on
sätta sig (4) to sit down
söder south
söderifrån from the south
söderut southwards
södra southern
söka (2) to look for
sömnighet-en sleepiness
söndag-en-ar Sunday
sönder broken

ta (4 **tar, tog, tagit**) to take
ta av (4) to take off
ta till orda (4) to start speaking
tack thanks
tack så mycket thank you very much
tala (1) to speak, talk
tandläkare-n– dentist
teater-n, teatrar theatre
telefon-en-er telephone
telefonnummer -numret– telephone number
telefonsamtal-et– telephone conversation
terrass-en-er terrace
testamente-t-n testament
teve-n-ar TV
tia-n-or a 'ten'
tid-en-er time
tidig early
tidning-en-ar newspaper
tiga (4) to be silent
till to; in addition, more
till salu for sale
till slut finally
tills until
tillsammans together
timme-n-ar hour
tio ten
tionde tenth
tisdag Tuesday
titta (1) to look
tjock fat, thick
tjugo twenty
tjugoförsta (etc.) twenty-first (etc.)
tjugonde twentieth
tjäna (1) to earn
toalett-en-er toilet

tolerera to tolerate
tolfte twelfth
tolv twelve
tolva-n-or a 'twelve'
tom empty
torg-et– square
torr dry
torsdag-en-ar Thursday
trafik-en traffic
trappa-n-or staircase
tre three
trea-n-or a 'three'
tredje third
trettio thirty
trettionde thirtieth
tretton thirteen
trettonde thirteenth
trevlig pleasant, nice
trivas (2) to feel at home, like it
tro (3) to believe, think
trolig probable
troligen probably
tråkig boring
trång narrow, constricted
träd-et– tree
trädgård-en-ar garden
träffa (1) to meet
träningssko-n-r trainer
tröja-n-or sweater
trött tired
tröttsam tiring, boring
tung heavy
tunn thin
turist-en-er tourist
tusen thousand
tusende thousandth
tvinga (1) to force, compel
tvungen forced
två two
tvåa-n-or a 'two'
tvärtom the reverse
tvätta sig (1) to wash
tycka (2) to think
tycka om (2) to like
tyckas (2) to seem
typisk typical
tysk German
tysk-en-ar German
tyska German language
tyska-n-or German woman

Tyskland Germany
tystnad-en silence
tyvärr unfortunately
tåg-et– train
tända (2) to light
tänka (2) to think, intend

umgås (4) to go round with, be friendly with
under during, under
underhålla (4) to entertain, amuse
undra (1) to wonder
undvika (4) to avoid
ung young
ungefär approximately
upp up (motion)
uppe up (location)
uppfinna (4) to invent
uppfinning-en-ar invention
uppgift-en-er task
uppifrån from above
upplivande refreshing
uppsats-en-er essay
uppskatta (1) to appreciate
uppskrämd frightened
uppstå (4) to arise
upptagen busy
urdålig really bad
ut out (motion)
utan without (*prep*); but (*conj*)
utanför outside
utbryta (4) to break out
ute out (location)
utifrån from outside
utläsa (2) to work out, interpret
utmärkt excellent(ly)
utom but, except
utsliten worn out

vacker beautiful, pretty
vad what
vad . . . för . . . what sort of . . .
vad som helst whatever, anything at all
vakna (1) to wake (*intrans*)
valpig puppy-like
vandra (1) to wander, hike
vansinnig crazy
vansköta (2) to neglect, mismanage
vantrivsel-n unhappiness

var where
var så god och please
var snäll och please
vara (är, var, varit) to be
vara-n-or wear, commodity
varandra each other
vardag-en-ar weekdays, everyday life
vardaglig everyday
vardagsrum-met– living room
varför why
varg-en-ar wolf
varifrån where . . . from
varje each, every
varken . . . eller neither . . . nor
varm hot
vars whose
vart where to, whither
varuhus-et– department store
vatten, vattnet– water
vecka-n-or week
veckodag-en-ar day of the week
vederbörande person concerned
vegetarian-en-er vegetarian
vem who
vem som helst whoever, anyone at all
verka (1) to seem, give the impression
veta (vet, visste, vetat) to know (facts)
vi we
vi ses see you soon
vid at
vidare further
vilja (vill, ville, velat) to want to
vilkas whose (*pl*)
vilken which
vilken som helst who/whatever, anyone/thing
vin-et-er wine
vindjacka-n-or anorak
vinna (4) to win
vinter-n, vintrar winter
visa (1) to show
visst certainly
vit white
vittne-et-n witness
vore 'were'
vår (vårt, våra) our/ours

vår-en-ar spring
våt wet
väcka (2) to wake (*trans*)
väder, vädret weather
väg-en-ar road
vägg-en-ar wall
vägra (1) to refuse
väl surely, I suppose
välja (väljer, valde, valt) to choose
välkänd well-known
välsigna (1) to bless
vän-nen-ner friend
vänlig friendly, kind
vänster left (not 'right')
vänta (1) to wait
värld-en-ar world
värre worse
värst worst
väst- western
väster west
västerifrån from the west
västerut westwards
västra western
växa (2) to grow

yngre younger

å-n-ar river
åka (2) to go, travel
åkalla (1) to invoke
ålder-n, åldrar age
åldras (1) to age
år-et– year
åt for (*prep* e.g. **köpa åt**)
åtta eight
åtta-n-or an 'eight'
åttio eighty
åttionde eightieth
åttonde eighth

ägare-n– owner
äldre older
äldst oldest
älg-en-ar elk
älska (1) to love
än yet; than
äpple-t-n apple
äta (4, äter, åt, ätit) to eat
även even

ögonbryn-et– eyebrow
öken, öknen, öknar desert
öl-et– beer
önska (1) to want, wish
öppna (1) to open
öst- eastern
öster east
österifrån from the east

österut eastwards
östra eastern
över of, about, over, past
överallt everywhere
överraska (1) to surprise
överrock-en-ar overcoat
övning-en-ar exercise

Index

Abbreviations 90
Adjectives 22, 23, 29, 36, 37, 50, 52, 65, 66, 69, 70, 84, 85, 89, 95
Adverbs 15, 33, 50, 53, 64, 67, 71
'all' 92
'att' 5, 51, 73

'both . . . and' 91

Comparative 69, 70, 71, 90
Compass directions 68
Compounds 79, 80, 81
Conditional tense 55, 98
Conjunctions 43, 44, 91, 96
Countries 75

Definite article ('the') 3, 12, 29
'den/det' 25, 35
Deponent verbs 53, 88

'either . . . or' 91
Everyday expressions 9

Future tense of verbs 10, 54
'för att' 74

'gå' 11, 35, 49

Idioms 32, 35, 42, 49, 53, 64, 72, 81, 90, 98
Imperative voice of verbs 20
Imperfect tense of verbs 27, 28, 39
Indefinite article ('a', 'an') 1, 40
Infinitives of verbs 5, 73
'-ing' forms of English verbs 51
'ingen' 65
Intransitive verbs 83
Irregular verbs 28, 48

'ja/jo' 38

Languages 75
Letter writing 63

Main clauses 16, 33, 43, 45
'man' 4, 93
Modal auxiliary verbs 21, 28, 48, 55

'-na' ending verbs 84
Nationalities 75
Negatives 15, 21, 33, 65, 66
'neither . . . nor' 91
Nouns 2, 3, 6, 12, 19, 50, 82
Numbers 7, 18, 24, 56, 82
'någon' 65, 66

'ones' 95

Past participles 85
Past tenses of verbs 26, 27, 28, 39, 46, 47, 48
Passive voice of verbs 86, 87
Perfect tense of verbs 46, 47, 48
Pluperfect tense of verbs 46, 47, 48
Polite requests 30
Possessive 19, 36, 37, 52
Prepositions 14, 62, 96, 98
Present participle 50
Present tense of verbs 5, 10
Problem verbs 97
Pronouns 4, 17, 25, 31, 36, 41, 44, 52, 65, 66, 77, 93
Pronunciation p. 9, 99
'på' 14

Questions 8, 13, 44, 76, 94

Reciprocal use of '-s' form verbs 89
Reflexive verbs 31
Relative clauses 41, 44, 76

s-form verbs 86, 87, 88, 89
'sin' 52
Spelling 20, 99
Strong verbs 26, 39, 47, 48
Subordinate clauses 43, 44, 45, 77
Superlatives 69, 70, 71

Supine 46, 47, 48

Time: clock 34; dates 61; days 57; festivals 60; months 59; parts of the day 58; prepositions 62; seasons 60; weeks 59; years 59
Transitive verbs 83

'utan' 96
'utom' 96

'vad som' 77
'vad som helst' 78
Verbs: compound 79, 80; conditional tense 55; deponent verbs 88; English '-ing' forms 51; ending in '-na' 84; future 10, 54; imperative 20; imperfect 27, 28, 39; infinitives 5, 73; intransitive 83; irregular 28, 48; modal auxiliary 21, 28, 48, 55; passive 86, 87; past participles 85; past tenses 26, 48; perfect tense 46, 47, 48; pluperfect tense 46, 47, 48; present participle 50; present tense 5, 10; problem verbs 97; reciprocal use of '-s' form 89; reflexive 31; s-forms 86, 87, 88, 89; strong 26, 39, 47, 48; supine 46, 47, 48; transitive 83; weak 26, 27, 46

'what sort of . . .?' 94
Weak verbs 26, 27, 46
'where' 13, 76
'whole' 92
Word order 8, 13, 15, 16, 17, 21, 33, 43, 44, 45, 46, 80, 94, 98

'åka' 11